Kleines Tabellenbuch für steuerliche Berater 2012

D1730327

2012
Schäffer-Poeschel Verlag Stuttgart

Die dargestellten Tabellen sind dem im Schäffer-Poeschel Verlag, Stuttgart, erschienenen Loseblattwerk „Tabellenbuch für die kaufmännische Praxis" entnommen worden. Sie wurden für die Bedürfnisse der steuerlichen Berater besonders ausgewählt, bearbeitet und zusammengestellt.
Alle Angaben basieren auf sorgfältigen Recherchen, sind jedoch ohne Gewähr.
Redaktionsschluss: 31. 12. 2011

Begründet von Dipl.-Hdl. Marieluise Gervais

Bearbeitet von Dr. Katharina Jenak
            Prof. Eberhard Rick
            Prof. Dr. Wilfried Braun

Bibliografische Information Der Deutschen Bibliothek

Die Deutsche Bibliothek verzeichnet diese Publikation in der Deutschen Nationalbibliografie; detaillierte bibliografische Daten sind im Internet über <http://dnb.ddb.de> abrufbar.

ISBN 978-3-7910-3179-8

© 2012 Schäffer-Poeschel Verlag für Wirtschaft · Steuern · Recht GmbH
www.schaeffer-poeschel.de
info@schaeffer-poeschel.de
Einbandgestaltung: Willy Löffelhardt
Satz: DTP + TEXT Eva Burri, Stuttgart
Druck und Bindung: Gebrüder Knöller GmbH & Co. KG, Stuttgart
Printed in Germany
März 2012

Schäffer-Poeschel Verlag Stuttgart
Ein Tochterunternehmen der Verlagsgruppe Handelsblatt

Inhaltsverzeichnis

I. Die einzelnen Steuerarten und allgemeine Steuerfragen

Rechtsquelle: Einkommensteuergesetz (EStG) i.d.F. vom 19. 10. 2002, BGBl. I S. 4210 mit laufenden Änderungen

Steuergegenstand	Wichtige Begriffe	Einkommensbetrag, der zu besteuern ist	Steuerberechnung und Steuersätze
Besteuert wird das Einkommen eines Kalenderbzw. Wirtschaftsjahres. Das Einkommen wird im wesentlichen wie folgt ermittelt (vgl. „Schema zur Ermittlung des zu versteuernden Einkommens" S. 10): Summe der Einkünfte ./. Altersentlastungsbetrag ./. Entlastungsbetrag für Alleinerziehende ./. Abzug für Landwirte gem. § 13 Abs. 3 = Gesamtbetrag der Einkünfte ./. Verlustabzug ./. Sonderausgaben ./. Außergewöhnliche Belastungen = Einkommen ./. Kinderfreibetrag und Betreuungsfreibetrag ./. Sonstige abzuziehende Beträge = Zu versteuerndes Einkommen Die Einkünfte setzen sich aus 7 Einkunftsarten zusammen (§ 2): 1. aus Land- und Forstwirtschaft, 2. aus Gewerbebetrieb, 3. aus selbständiger Arbeit, 4. aus nichtselbständiger Arbeit, 5. aus Kapitalvermögen, 6. aus Vermietung und Verpachtung, 7. sonstige Einkünfte im Sinne der §§ 22 und 23. Einkünfte sind nach § 2 Abs. 2 1. bei Einkünften aus Land- und Forstwirtschaft, Gewerbebetrieb sowie selbständiger Arbeit der Gewinn, 2. bei den übrigen Einkunftsarten der Überschuss der Einnahmen über die Werbungskosten.	*Gewinn* 1. Allgemeiner Gewinnbegriff (§ 4 Abs. 1) Betriebsvermögen am Ende eines Wirtschaftsjahres ./. Betriebsvermögen am Ende des vorangegangenen Wirtschaftsjahres + Entnahmen ./. Einlagen, wobei die Vorschriften über Betriebsausgaben und Bewertung zu beachten sind (§ 4 Abs. 4 und § 6). 2. Bei Vollkaufleuten und anderen Buchführenden im Prinzip wie 1, aber handelsrechtliche Abschlüsse sind maßgeblich (§ 5). 3. Bei Nichtbuchführenden Überschuss der Betriebseinnahmen über die Betriebsausgaben (§ 4 Abs. 3). *Betriebsausgaben* sind Aufwendungen, die durch den Betrieb veranlasst sind (§ 4 Abs. 4). *Werbungskosten* sind Aufwendungen zur Erwerbung, Sicherung und Erhaltung der Einnahmen (§ 9). Pauschbeträge für Werbungskosten bei ● nichtselbständiger Arbeit 1 000 €, ● wiederkehrenden Bezügen 102 € (§ 9 a). *Sonderausgaben* sind Aufwendungen, die nicht Betriebsausgaben oder Werbungskosten sind, aber die steuerliche Leistungsfähigkeit mindern, kraft Gesetzes genau abgegrenzt (§§ 10–10 i). Vgl. gesonderte Tabelle S. 18 ff.	Versteuert wird: das Einkommen ./. Kinder- und Betreuungsfreibetrag ./. sonstige abzuziehende Beträge. Damit ergibt sich die Bemessungsgrundlage für die tarifliche Einkommensteuer. *Arten der Freibeträge:* Siehe gesonderte Tabelle auf S. 30 ff. *Sonstige abzuziehende Beträge:* Landwirtschaftliche Einkünfte werden nur berücksichtigt, soweit sie 670 € übersteigen (bei zusammen veranlagten Ehegatten 1340 €) (§ 13 Abs. 3).	I. Einkommensteuer-Grundtabelle für alle Steuerpflichtigen, die nicht unter die Einkommensteuer-Splittingtabelle fallen. Bis 8 004 € bei Ledigen und 16 008 € bei Verheirateten zu versteuerndes Einkommen beträgt die Steuer 0 €. II. Einkommensteuer-Splittingtabelle für alle Steuerpflichtigen, die gemäß §§ 26 und 26 b zusammen veranlagt werden. Steuerberechnung zunächst für die Hälfte des Einkommens nach Grundtabelle, alsdann Verdoppelung des sich ergebenden Betrages. III. Steuersätze für außerordentliche Einkünfte: Sind in dem Einkommen außerordentliche Einkünfte enthalten, so ist die darauf entfallende Einkommensteuer nach der sog. Fünftelungsregelung zu bemessen. Die für die außerordentlichen Einkünfte anzusetzende Einkommensteuer beträgt das Fünffache der Differenz der Steuer auf das zu versteuernde Einkommen ohne die außerordentlichen Einkünfte und der Steuer auf das zu versteuernde Einkommen, in dem ein Fünftel der außerordentlichen Einkünfte enthalten ist. Auf das verbleibende zu versteuernde Einkommen ist der volle Steuersatz anzuwenden. Das oben Gesagte gilt nicht, wenn der Steuerpflichtige ganz oder teilweise § 6 b oder § 6 c EStG anwendet. Für Gewinne aus Betriebsveräußerungen und -aufgaben kann wahlweise auf Antrag bis zu einem Betrag von 5 Mio. € ein Satz von 56 % des durchschnittlichen Steuersatzes, mindestens aber 14 %, angewendet werden (nur einmal im Leben).

9

Schema zur Ermittlung des zu versteuernden Einkommens und der festzusetzenden Einkommensteuer

Rechtsquelle: § 2 Abs. 2–6 EStG, § 2 a EStG, R 2 EStR	
Ermittlung des zu versteuernden Einkommens (§ 2 Abs. 5 EStG)	**Summe der Einkünfte aus den Einkunftsarten**
	= Summe der Einkünfte
	./. Altersentlastungsbetrag (§ 24 a EStG)
	./. Entlastungsbetrag für Alleinerziehende (§ 24 b EStG)
	./. Abzug für Land- und Forstwirte (§ 13 Abs. 3 EStG)
	+ Hinzurechnungsbetrag (§ 8 Abs. 5 Auslandsinvestitionsgesetz, § 52 Abs. 3 Satz 3 EStG)
	= Gesamtbetrag der Einkünfte (§ 2 Abs. 3 EStG)
	./. Verlustabzug (§§ 10 d EStG)
	./. Sonderausgaben (in der Reihenfolge §§ 10, 10 a, 10 b, 10 c EStG)
	./. außergewöhnliche Belastungen (§§ 33 bis 33 b EStG)
	./. Steuerbegünstigung der zu Wohnzwecken genutzten Wohnungen, Gebäude und Baudenkmale sowie der schutzwürdigen Kulturgüter (§§ 10 e bis i, § 52 Abs. 21 Satz 6 EStG, § 7 Fördergebietsgesetz)
	+ zuzurechnendes Einkommen gem. § 15 Abs. 1 AStG
	= Einkommen (§ 2 Abs. 4 EStG)
	./. Kinderfreibetrag und Betreuungsfreibetrag (§§ 31 und 32 EStG)
	./. freibleibender Betrag nach § 46 Abs. 3 EStG, § 70 EStDV
	= zu versteuerndes Einkommen (§ 2 Abs. 5 EStG)
Ermittlung der festzusetzenden Einkommensteuer (§ 2 Abs. 6 EStG)	**Steuerbetrag**
	laut Grundtabelle/Splittingtabelle oder nach dem bei Anwendung des Progressionsvorbehalts (§ 32 b EStG) sich ergebenden Steuersatz
	+ Steuer auf Grund Berechnung nach den §§ 34, 34 b EStG
	+ Steuer auf Grund Berechnung nach § 32 d Abs. 3 EStG
	+ Steuer auf Grund Berechnung nach § 34 a Abs. 1, 4–6 EStG
	= tarifliche Einkommensteuer (§ 32 a Abs. 1, 5)
	./. Minderungsbetrag nach Punkt 11 Ziffer 2 des Schlussprotokolls zu Artikel 23 DBA Belgien (BGBl. 2003 II S. 1615)
	./. ausländische Steuern nach § 34 c Abs. 1 und 6 EStG, § 12 AStG
	./. Steuerermäßigung nach § 35 EStG
	./. Steuerermäßigung für Steuerpflichtige mit Kindern bei Inanspruchnahme erhöhter Absetzungen für Wohngebäude oder der Steuerbegünstigung für eigengenutztes Wohneigentum (§ 34 f Abs. 1, 2 EStG)
	./. Steuerermäßigung bei Mitgliedsbeiträgen und Spenden an politische Parteien und unabhängige Wählervereinigungen (§ 34 g EStG)
	./. Steuerermäßigung nach § 34 f Abs. 3 EStG
	./. Steuerermäßigung nach § 35 a EStG
	+ Steuern nach § 34 c Abs. 5 EStG
	+ Nachsteuer nach § 10 Abs. 5 EStG i. V. m. § 30 EStDV
	+ Zuschlag nach § 3 Abs. 4 Satz 2 Forstschäden-Ausgleichsgesetz
	+ Anspruch auf Zulage für Altersvorsorge nach § 10 a Abs. 2 EStG
	+ Kindergeld oder vergleichbare Leistungen, soweit in den Fällen des § 31 EStG das Einkommen um einen Kinder- und Betreuungsfreibetrag gemindert wurde
	= festzusetzende Einkommensteuer (§ 2 Abs. 6 EStG)

Einkommensteuertarif mit Durchschnitts- und Grenzsteuersätzen[1] nach Grundtabelle (G) und Splittingtabelle (S) für das Jahr 2012

Zu versteuerndes Einkommen	Einkommensteuer		Durchschnitts-steuersatz		Grenz-steuersatz	
	G	S	G	S	G	S
€	€	€	%	%	%	%
8 000	–	–	–	–	–	–
9 000	148	–	1,6	–	15,8	–
10 000	315	–	3,1	–	17,6	–
11 000	501	–	4,5	–	19,5	–
12 000	705	–	5,9	–	21,3	–
13 000	927	–	7,1	–	23,1	–
14 000	1 165	–	8,3	–	24,2	–
15 000	1 410	–	9,4	–	24,7	–
16 000	1 659	–	10,3	–	25,1	–
17 000	1 912	142	11,1	0,8	25,6	14,9
18 000	2 171	296	12,1	1,6	26,0	15,8
19 000	2 433	458	12,8	2,4	26,5	16,7
20 000	2 701	630	13,5	3,1	27,0	17,6
21 000	2 972	812	14,1	3,9	27,4	18,5
22 000	3 249	1 002	14,8	4,5	27,9	19,5
23 000	3 530	1 200	15,3	5,2	28,3	20,4
24 000	3 815	1 410	15,9	5,9	28,8	21,3
25 000	4 106	1 626	16,4	6,5	29,2	22,2
26 000	4 400	1 854	16,9	7,1	29,7	23,1
27 000	4 700	2 090	17,4	7,7	30,1	24,0
28 000	5 004	2 330	17,9	8,3	30,6	24,2
29 000	5 312	2 574	18,3	8,9	31,1	24,4
30 000	5 625	2 820	18,7	9,4	31,5	24,7
31 000	5 943	3 068	19,2	9,9	32,0	24,9
32 000	6 265	3 318	19,6	10,4	32,4	25,1
33 000	6 592	3 570	20,0	10,8	32,9	25,4
34 000	6 923	3 824	20,4	11,2	33,4	25,6
35 000	7 259	4 082	20,7	11,6	33,8	25,8
36 000	7 599	4 342	21,1	12,1	34,3	26,0
37 000	7 944	4 602	21,5	12,4	34,7	26,3
38 000	8 294	4 866	21,8	12,8	35,2	26,5
39 000	8 648	5 132	22,2	13,2	35,6	26,7
40 000	9 007	5 402	22,5	13,5	36,1	27,0
41 000	9 370	5 672	22,8	13,8	36,6	27,2
42 000	9 738	5 944	23,2	14,1	37,0	27,4
43 000	10 111	6 220	23,5	14,5	37,5	27,6
44 000	10 488	6 498	23,8	14,8	37,9	27,9
45 000	10 870	6 778	24,2	15,1	38,4	28,1
46 000	11 256	7 060	24,5	15,4	38,8	28,3

[1] Unter Grenzsteuersatz soll der Steuersatz verstanden werden, der auf den Einkommenszuwachs jeweils gegenüber der vorhergehenden Einkommensstufe bezogen ist.

Beispiel:

$$\frac{\text{Zuwachs der Einkommensteuer}}{\text{Einkommenszuwachs}} = \frac{7\,259\,€ - 6\,923\,€}{35\,000\,€ - 34\,000\,€}$$

$$= 34,6\,\%$$

Einkommensteuertarif mit Durchschnitts- und Grenzsteuersätzen nach Grundtabelle (G) und Splittingtabelle (S) für das Jahr 2012 (Fortsetzung)

Zu versteuerndes Einkommen	Einkommensteuer		Durchschnittssteuersatz		Grenzsteuersatz	
	G	S	G	S	G	S
€	€	€	%	%	%	%
47 000	11 647	7 344	24,8	15,6	39,3	28,6
48 000	12 042	7 630	25,1	15,9	39,8	28,8
49 000	12 442	7 920	25,4	16,2	40,2	29,0
50 000	12 847	8 212	25,7	16,4	40,7	29,2
51 000	13 256	8 504	26,0	16,7	41,1	29,5
52 000	13 669	8 800	26,3	16,9	41,6	29,7
53 000	14 088	9 098	26,6	17,2	42,0	29,9
54 000	14 508	9 400	26,9	17,4	42,0	30,1
55 000	14 928	9 702	27,2	17,6	42,0	30,4
56 000	15 348	10 008	27,4	17,9	42,0	30,6
57 000	15 768	10 314	27,7	18,1	42,0	30,8
58 000	16 188	10 624	27,9	18,3	42,0	31,1
59 000	16 608	10 936	28,1	18,5	42,0	31,3
60 000	17 028	11 250	28,4	18,7	42,0	31,5
61 000	17 448	11 566	28,6	19,0	42,0	31,8
62 000	17 868	11 886	28,8	19,2	42,0	32,0
63 000	18 288	12 206	29,0	19,4	42,0	32,2
64 000	18 708	12 530	29,2	19,6	42,0	32,4
65 000	19 128	12 856	29,4	19,8	42,0	32,7
66 000	19 548	13 184	29,6	20,0	42,0	32,9
67 000	19 968	13 514	29,8	20,2	42,0	33,1
68 000	20 388	13 846	30,0	20,4	42,0	33,4
69 000	20 808	14 180	30,2	20,6	42,0	33,6
70 000	21 228	14 518	30,3	20,7	42,0	33,8
71 000	21 648	14 858	30,5	20,9	42,0	34,0
72 000	22 068	15 198	30,6	21,1	42,0	34,3
73 000	22 488	15 542	30,8	21,3	42,0	34,5
74 000	22 908	15 888	31,0	21,5	42,0	34,7
75 000	23 328	16 238	31,1	21,6	42,0	35,0
76 000	23 748	16 588	31,2	21,8	42,0	35,2
77 000	24 168	16 942	31,4	22,0	42,0	35,4
78 000	24 588	17 296	31,5	22,2	42,0	35,6
79 000	25 008	17 654	31,7	22,3	42,0	35,9
80 000	25 428	18 014	31,8	22,5	42,0	36,1
81 000	25 848	18 376	31,9	22,7	42,0	36,3
82 000	26 268	18 740	32,0	22,8	42,0	36,6
83 000	26 688	19 108	32,1	23,0	42,0	36,8
84 000	27 108	19 476	32,3	23,2	42,0	37,0
85 000	27 528	19 848	32,4	23,3	42,0	37,2
86 000	27 948	20 222	32,5	23,5	42,0	37,5
87 000	28 368	20 598	32,6	23,7	42,0	37,7
88 000	28 788	20 976	32,7	23,8	42,0	37,9
89 000	29 208	21 356	32,8	24,0	42,0	38,2
90 000	29 628	21 740	32,9	24,2	42,0	38,4
91 000	30 048	22 124	33,0	24,3	42,0	38,6
92 000	30 468	22 512	33,1	24,5	42,0	38,8
93 000	30 888	22 902	33,2	24,6	42,0	39,1
94 000	31 308	23 294	33,3	24,8	42,0	39,3
95 000	31 728	23 688	33,4	24,9	42,0	39,5
96 000	32 148	24 084	33,5	25,1	42,0	39,8

Zu versteuerndes Einkommen	Einkommensteuer		Durchschnitts-steuersatz		Grenz-steuersatz	
	G	S	G	S	G	S
€	€	€	%	%	%	%
97 000	32 568	24 482	33,6	25,2	42,0	40,0
98 000	32 988	24 884	33,7	25,4	42,0	40,2
99 000	33 408	25 288	33,8	25,5	42,0	40,4
100 000	33 828	25 694	33,9	25,7	42,0	40,7
101 000	34 248	26 102	33,9	25,8	42,0	40,9
102 000	34 668	26 512	34,0	26,0	42,0	41,1
103 000	35 088	26 924	34,1	26,1	42,0	41,4
104 000	35 508	27 338	34,1	26,3	42,0	41,6
105 000	35 928	27 756	34,2	26,4	42,0	41,8
106 000	36 348	28 176	34,3	26,6	42,0	42,0
107 000	36 768	28 596	34,4	26,7	42,0	42,0
108 000	37 188	29 016	34,4	26,9	42,0	42,0
109 000	37 608	29 436	34,5	27,0	42,0	42,0
110 000	38 028	29 856	34,6	27,1	42,0	42,0
111 000	38 448	30 276	34,6	27,3	42,0	42,0
112 000	38 868	30 696	34,7	27,4	42,0	42,0
113 000	39 288	31 116	34,8	27,5	42,0	42,0
114 000	39 708	31 536	34,8	27,7	42,0	42,0
115 000	40 128	31 956	34,9	27,8	42,0	42,0
116 000	40 548	32 376	35,0	27,9	42,0	42,0
117 000	40 968	32 796	35,0	28,0	42,0	42,0
118 000	41 388	33 216	35,1	28,1	42,0	42,0
119 000	41 808	33 636	35,1	28,3	42,0	42,0
120 000	42 228	34 056	35,2	28,4	42,0	42,0
121 000	42 648	34 476	35,2	28,5	42,0	42,0
122 000	43 068	34 896	35,3	28,6	42,0	42,0
123 000	43 488	35 316	35,4	28,7	42,0	42,0
124 000	43 908	35 736	35,4	28,8	42,0	42,0
125 000	44 328	36 156	35,5	28,9	42,0	42,0
126 000	44 748	36 576	35,5	29,0	42,0	42,0
127 000	45 168	36 996	35,6	29,1	42,0	42,0
128 000	45 588	37 416	35,6	29,2	42,0	42,0
129 000	46 008	37 836	35,7	29,3	42,0	42,0
130 000	46 428	38 256	35,7	29,4	42,0	42,0
135 000	48 528	40 356	36,0	29,9	42,0	42,0
140 000	50 628	42 456	36,2	30,3	42,0	42,0
145 000	52 728	44 556	36,4	30,7	42,0	42,0
150 000	54 828	46 656	36,6	31,1	42,0	42,0
155 000	56 928	48 756	36,7	31,5	42,0	42,0
160 000	59 028	50 856	36,9	31,8	42,0	42,0
165 000	61 128	52 956	37,0	32,1	42,0	42,0
170 000	63 228	55 056	37,2	32,4	42,0	42,0
175 000	65 328	57 156	37,3	32,7	42,0	42,0
200 000	75 828	67 656	37,9	33,8	42,0	42,0
250 000	96 828	88 656	38,7	35,5	42,0	42,0
300 000	119 306	109 656	39,8	36,6	45,0	42,0
600 000	254 306	238 612	42,4	39,8	45,0	45,0

Steuerfreie Einnahmen gemäß § 3 EStG (gekürzt gefasst)

Gesichtspunkt für die Befreiung	Lfd. Nr. von § 3 EStG	Befreiungstatbestand
	1 a–d	Leistungen der Kranken-, Pflege- und gesetzlichen Unfallversicherung; Sachleistungen und Kinderzuschüsse der allgemeinen Rentenversicherungen einschl. der Sachleistungen nach dem Gesetz über die Alterssicherung der Landwirte; der Existenzgründungszuschuss nach dem Sechsten Buch Sozialgesetzbuch und Geldleistungen nach §§ 7, 8 des Gesetzes über eine Alterssicherung für Landwirte sowie entsprechende Geldleistungen nach § 9 des genannten Gesetzes; Mutterschaftsgeld und entsprechender Zuschuss nach beamtenrechtlichen Regelungen
	2, 2a, 2b, 24 u. 67	Arbeitslosen-, Kurzarbeiter-, Schlechtwettergeld, Winterausfallgeld, Zuschuss zum Arbeitsentgelt, Unterhaltsgeld sowie die übrigen Leistungen zur Aus- und Fortbildung u. a. nach SGB III und entsprechenden Programmen von Bund und Ländern; Arbeitslosenbeihilfe und die Überbrückungsbeihilfe nach Soldatenversorgungsgesetz, Leistungen aufgrund des Bundeskindergeldgesetzes, Erziehungsgeld nach Bundeserziehungsgeldgesetz und vergleichbare Leistungen der Länder, Leistungen nach Kindererziehungszuschlagsgesetz
	3	Kapital- und Rentenabfindungen nach gesetzlicher Rentenversicherung sowie der Beamten-(Pensions-)Gesetze, Beitragserstattungen und Leistungen aus berufsständischen Versorgungseinrichtungen
	14	Zuschüsse eines Trägers der gesetzlichen Rentenversicherung zu den Aufwendungen eines Rentners für seine Krankenversicherung
Den sozialen Versicherungsbereich betreffend	28	Aufstockungsbeträge sowie Beträge und Aufwendungen nach dem Altersteilzeitgesetz
	55	Der Übertragungswert nach § 4 Abs. 5 des Betriebsrentengesetzes, wenn die betriebliche Altersversorgung über einen Pensionsfonds, eine Pensionskasse oder ein Unternehmen der Lebensversicherung durchgeführt wird.
	55a, 55b	Die nach dem Versorgungsausgleichsgesetz durchgeführte Übertragung von Anteilen und Anrechten
	56	Zuwendungen an eine Pensionskasse zum Aufbau einer nicht kapitalgedeckten betrieblichen Altersversorgung bis max. 1 % der Beitragsbemessungsgrenze der allgemeinen Rentenversicherung
	57	Beiträge aus der Künstlersozialkasse nach dem Künstlersozialversicherungsgesetz
	62	Arbeitgeberaufwendungen für Zukunftssicherung der Arbeitnehmer auf Grund sozialversicherungsrechtlicher oder anderer gesetzlicher Verpflichtung oder freiwillige Weiterversicherung in einer gesetzlichen Rentenversicherung sowie Zuschüsse zu gleichgestellten Versicherungen. Obergrenze: Höchstbetrag Arbeitgeberanteil bei gesetzlicher Versicherungspflicht
	63	Beiträge des Arbeitgebers an eine Pensionskasse, einen Pensionsfonds oder für eine Direktversicherung bis max. 4 % der Beitragsbemessungsgrenze der allgemeinen Rentenversicherung
	66	Leistungen des Arbeitgebers oder einer Unterstützungskasse an einen Pensionsfonds zur Übernahme bestehender Verpflichtungen (Antrag auf Verteilung der Betriebsausgaben auf 10 Jahre erforderlich)
	4 a–d	Geldwert der Dienstkleidung von Bundeswehr, Bundespolizei, Zollfahndungsdienst, Bereitschaftspolizei der Länder, Vollzugspolizei, Berufsfeuerwehr der Länder und Gemeinden und von Vollzugsbeamten der Kriminalpolizei des Bundes, der Länder und Gemeinden; Einkleidungsbeihilfen u. a.; im Einsatz gewährte Verpflegung oder Verpflegungszuschüsse; Geldwert der auf Grund gesetzlicher Vorschriften gewährten Heilfürsorge
Den Wehrbereich betreffend	5	Geld- und Sachbezüge sowie Heilfürsorge der Soldaten und Zivildienstleistender
	6	Versorgungsbezüge für Wehr- und Zivildienstbeschädigte, Kriegsdienstbeschädigte und Hinterbliebene, soweit nicht auf Grund der Dienstzeit gewähr...
	48	Leistungen nach dem Unterhaltssicherungsgesetz, soweit nicht nach dessen § 15 Abs. 1 Satz 2 steuerpflichtig
	49[1)	Laufende Zuwendungen eines früheren alliierten Besatzungssoldaten an seine in der Bundesrepublik ansässige, darauf angewiesene Ehefrau

Steuerfreie Einnahmen gemäß § 3 EStG (Fortsetzung)

Gesichtspunkt für die Befreiung	Lfd. Nr. von § 3 EStG	Befreiungstatbestand
Lastenausgleich, Wiedergutmachung und ähnliches betreffend	7	Ausgleichsleistungen nach dem LAG, Leistungen nach dem Flüchtlingshilfegesetz, nach dem Bundesvertriebenengesetz, nach dem Reparationsschädengesetz u. a.
	8	Geldrenten, Kapitalentschädigungen u. ä. gemäß den Vorschriften über Wiedergutmachung nationalsozialistischen Unrechts
Bestimmte Bezüge aus öffentlichen Mitteln betreffend	11	Bezüge aus öffentlichen Mitteln, wegen Hilfsbedürftigkeit oder als Beihilfe zur Förderung von Erziehung, Ausbildung, Wissenschaft oder Kunst ohne Gegenleistungsverpflichtung gewährt
	12	Gesetzlich vorgesehene Aufwandsentschädigungen, aus einer Bundes- oder Landeskasse gezahlt u. Ä. (vgl. R 3.12 LStR)
	13	Aus öffentlichen Kassen gezahlte Reisekosten- und Umzugsvergütungen sowie Trennungsgelder, Verpflegungsmehraufwendungen, soweit die Pauschbeträge nach § 4 Abs. 5 Satz 1 Nr. 5 nicht überschritten werden
	22[1]	Ehrensold auf Grund des Gesetzes über Titel, Orden und Ehrenzeichen
	43	Ehrensold für Künstler sowie Zuwendungen aus Mitteln der Deutschen Künstlerhilfe bei Bedürftigkeit des Künstlers u. a.
Beihilfen u. ä. betreffend	11	Unterstützungsleistungen an Arbeitnehmer in Notfällen bis 600 € je Kalenderjahr (R 3.11 LStR)
	15	Heirats- und Geburtsbeihilfen; ab 2006 gestrichen
	16	Reise- und Umzugskosten oder Mehraufwendungen bei doppelter Haushaltsführung an Arbeitnehmer im privaten Dienst in vorgesehenen Höchstbeträgen bei dienstlicher Veranlassung
	17	Zuschüsse zum Beitrag nach § 32 des Gesetzes über die Alterssicherung der Landwirte
	20	Vom Bundespräsidenten aus sittlichen oder sozialen Gründen gewährte Zuwendungen an besonders verdiente Personen oder ihre Hinterbliebenen
	23	Leistungen nach dem Häftlingshilfegesetz und den strafrechtlichen, verwaltungsrechtlichen und beruflichen Rehabilitierungsgesetzen
	36	Einnahmen für Leistungen zur Grundpflege oder hauswirtschaftlichen Versorgung bis zur Höhe des Pflegegeldes, wenn diese Leistungen von Angehörigen des Pflegebedürftigen oder anderen, sittlich zur Pflege verpflichteten Personen erbracht werden
	37[1]	Unterhaltsbeitrag und Maßnahmebeitrag nach dem Aufstiegsfortbildungsgesetz, soweit als Zuschuss geleistet
	58	Wohngeld und mietsenkende Leistungen nach der Wohngeldgesetzgebung sowie öffentliche Zuschüsse zur Deckung laufender Aufwendungen für eine zu eigenen Wohnzwecken genutzte Wohnung im eigenen Haus oder eine zu eigenen Wohnzwecken genutzte Eigentumswohnung, soweit die Zuschüsse und Zinsvorteile die Vorteile aus einer entsprechenden Förderung mit öffentlichen Mitteln nach dem Zweiten Wohnungsbaugesetz oder dem Wohnraumförderungsgesetz nicht überschreiten, sowie Zuschüsse für Altbauwohnungen im Programm Stadtumbau Ost
	68	Hilfen an Hepatitis-C infizierte Personen
	69	Leistungen an durch Blut oder Blutprodukte HIV-infizierte oder an AIDS erkrankte Personen durch das Programm „Humanitäre Soforthilfe"
Beziehungen zum Ausland betreffend	29	Gehalt und Bezüge ausländischer diplomatischer Vertreter fremder Mächte und in ihrem Dienst stehender Personen, soweit nicht ständig im Inland ansässig oder deutsche Staatsangehörige. Gilt auch für ausländische Berufskonsuln, Konsulatsangehörige und ausländisches Personal, soweit nicht ständig im Inland ansässig oder wenn sie außerhalb ihres Amtes einen Beruf, ein Gewerbe oder eine andere gewinnbringende Tätigkeit ausüben

[1] ab 2012 gestrichen

Steuerfreie Einnahmen gemäß § 3 EStG (Fortsetzung)

Gesichtspunkt für die Befreiung	Lfd. Nr. von § 3 EStG	Befreiungstatbestand
Beziehungen zum Ausland betreffend (Forts.)	64	Bei vom Arbeitgeber vorübergehend ins Ausland entsandten – unbeschränkt steuerpflichtigen Arbeitnehmern des öffentlichen Dienstes das gegenüber vergleichbarer Inlandstätigkeit gezahlte höhere Arbeitsentgelt, – Arbeitnehmern außerhalb des öffentlichen Dienstes mit Wohnsitz oder gewöhnlichem Aufenthalt auf begrenzte Zeit im Ausland der Kaufkraftausgleich, soweit er den für vergleichbare Auslandsdienstbezüge nach § 54 Bundesbesoldungsgesetz zulässigen Betrag nicht übersteigt
Ersatzleistungen und Entschädigungen betreffend	19[1]	Entschädigungen gemäß Gesetz über Entschädigung ehemaliger deutscher Kriegsgefangener
	25	Entschädigungen nach dem Infektionsschutzgesetz
	27	Grundbetrag der Produktionsaufgaberente und Ausgleichsgeld nach dem Gesetz zur Förderung der Einstellung der landwirtschaftlichen Erwerbstätigkeit bis höchstens 18 407 €
	28	Aufstockungsbeträge i. S. von §§ 3 und 4 des AltersteilzeitG und Zuschläge auf Grund § 6 BBesG
	60	Leistungen aus öffentlichen Mitteln an Arbeitnehmer des Kohle- und Erzbergbaus und der Eisen- und Stahlindustrie bei Stillegungs-, Einschränkungs-, Umstellungs- oder Rationalisierungsmaßnahmen
Abfindungen betreffend	9	Abfindungen wegen vom Arbeitgeber oder Gericht veranlasster Auflösung eines Dienstverhältnisses, ab 2006 gestrichen. Übergangsregelung für vor dem 1.1.2006 entstandene Ansprüche, soweit Zahlung vor dem 1.1.2008 erfolgt.
	10	Übergangsgelder auf Grund gesetzlicher Vorschriften wegen Entlassung aus dem Dienstverhältnis, ab 2006 gestrichen. Übergangsregelung für Entlassungen vor dem 1.1.2006, soweit Zahlung vor dem 1.1.2008 erfolgt, für Soldaten auf Zeit Zahlung vor dem 1.1.2009, wenn das Dienstverhältnis vor dem 1.1.2006 begründet wurde.
Insolvenzen und Sanierungen betreffend	65	Beiträge des Trägers der Insolvenzsicherung zugunsten eines Versorgungsberechtigten und seiner Hinterbliebenen an eine Pensionskasse o. Ä. zur Ablösung von Verpflichtungen, die der Träger im Insolvenzfalle hat
Sonderleistungen gegenüber Arbeitnehmern betreffend	30	Werkzeuggeld, soweit es den Aufwand des Arbeitnehmers nicht offensichtlich übersteigt
	31	Unentgeltlich oder verbilligt überlassene Berufskleidung oder Barersatz bei betrieblicher, nicht nur einzelvertraglicher Veranlassung, soweit den Aufwand nicht offensichtlich übersteigend
	32	Unentgeltliche oder verbilligte Sammelbeförderung des Arbeitnehmers zwischen Wohnung und Arbeitsstätte mit Beförderungsmittel des Arbeitgebers, soweit Sammelbeförderung für den betrieblichen Einsatz des Arbeitnehmers erforderlich
	33	Arbeitgeberleistungen zur Unterbringung und Betreuung nicht schulpflichtiger Kinder der Arbeitnehmer in Kindergärten oder vergleichbaren Einrichtungen; aber nur soweit es sich um zusätzliche über den ohnehin geschuldeten Arbeitslohn hinausgehende Leistungen handelt
	34	Leistungen bzw. Zuschüsse des Arbeitgebers zur Gesundheitsförderung bis 500 € je Arbeitnehmer jährlich, wenn Anforderungen des SGB V und des Präventionsleitfadens der Krankenkassen erfüllt
	45	Vorteile des Arbeitnehmers aus der privaten Nutzung von betrieblichen Personalcomputern und Telekommunikationsgeräten
	46[1]	Bergmannsprämien nach Gesetz über Bergmannsprämien
	50	Durchlaufende Gelder und Auslagenersatz

teuerfreie Einnahmen gemäß § 3 EStG (Fortsetzung)

Gesichtspunkt für die Befreiung	Lfd. Nr. von § 3 EStG	Befreiungstatbestand
Zinsen, soweit nicht sonst behandelt	21[1)]	Zinsen aus Schuldbuchforderungen nach § 35 Abs. 1 des Allg. Kriegsfolgengesetzes
	54	Zinsen aus Entschädigungsansprüchen für deutsche Auslandsbonds lt. Sondergesetz
Folgen des Teileinkünfteverfahrens	40	Steuerfrei sind 40 % der a) Veräußerungs- und Entnahmeerlöse bei Beteiligungen im Betriebsvermögen sowie von Erträgen aus Zuschreibungen nach § 6 Abs. 1 Nr. 2 Satz 3 EStG, b) Veräußerungs- und Entnahmeerlöse aus Beteiligungen im Betriebsvermögen im Zusammenhang mit Betriebsveräußerungen und -aufgaben sowie bei einbringungsgeborenen Anteilen (§ 21 UmwStG), c) Veräußerungserlöse im Sinne von § 17 Abs. 2 EStG, d) laufenden Dividendeneinnahmen im Sinne von § 20 Abs. 1 Nr. 1 und Nr. 9 EStG, e) Bezüge auf Grund Kapitalherabsetzung oder der Auflösung der Gesellschaft im Sinne von § 20 Abs. 1 Nr. 2 EStG, f) besonderen Entgelte und Vorteile nach § 20 Abs. 3 EStG, g/h) Gewinn aus der Veräußerung und Abtretung von Dividendenscheinen im Sinne von § 20 Abs. 2 Satz 1 Buchstabe a sowie Satz 2 EStG (Sondertatbestände). i) Bezüge von steuerpflichtigen Stiftungen im Sinne von § 22 Nr. 1 Satz 2 EStG (Sonderfall).
Sonstiges	26	Einnahmen aus nebenberuflichen Tätigkeiten als Übungsleiter, Ausbilder, Erzieher, Betreuer, für nebenberufliche künstlerische Tätigkeit oder für die nebenberufliche Pflege alter, kranker oder behinderter Menschen im Dienst oder Auftrag einer inländischen Körperschaft des öffentlichen Rechts oder einer Einrichtung zur Förderung gemeinnütziger, mildtätiger oder kirchlicher Zwecke i. S. v. § 52–54 AO und § 5 Abs. 1 Nr. 9 KStG, soweit 2 100 € nicht übersteigend
	26a	Einnahmen aus nebenberuflicher Tätigkeit für öffentlich-rechtliche gemeinnützige Organisationen bis 500 € p. a (z. Bsp. Vereinsvorstand, Geschäftsführer, Platzwart, Helfer etc.). Nicht, wenn Tätigkeit nach Nr. 12 oder Nr. 26 begünstigt.
	38	Sachprämien, die für die persönliche Inanspruchnahme von Dienstleistungen zum Zwecke der Kundenbindung unentgeltlich gewährt werden, soweit 1 080 € nicht übersteigend
	40	Freistellung von 40 % der Einnahmen bzw. Veräußerungspreise bei Anteilen an Kapitalgesellschaften (Teileinkünfteverfahren)
	41	Gewinnausschüttungen von Zwischengesellschaften i. S. v. §§ 7–14 AStG
	44	Stipendien zur Förderung von Forschung, wissenschaftlicher oder künstlerischer Aus- bzw. Fortbildung
	51	Trinkgelder von Dritten, soweit kein Rechtsanspruch besteht
	61	Bestimmte Leistungen nach Vorschriften des Entwicklungshelfergesetzes

[1)] ab 2012 gestrichen

Überblick über die Sonderausgaben

Sonderausgaben sind nach § 10 EStG im Gesetz genau fixierte Aufwendungen, die vom Gesamtbetrag der Einkünfte abgezogen werden und die weder Betriebsausgaben noch Werbungskosten sind. Wenn nicht höhere Aufwendungen nachgewiesen werden, gilt ein allgemeiner Sonderausgaben-Pauschbetrag von 36 € (außer für Vorsorgeaufwendungen), der sich bei zusammen veranlagten Ehegatten verdoppelt. Allgemein gilt für alle Sonderausgaben, dass nur tatsächlich geleistete Ausgaben abgezogen werden können.

Arten der Sonderausgaben	Abzugsfähigkeit	Erläuterungen
Sonderausgaben nach § 10 EStG: 1. Unterhaltsleistungen an den geschiedenen oder dauernd getrennt lebenden Ehegatten mit Zustimmung des Empfängers bis zu 13 805 € im Kalenderjahr. Entsprechendes gilt bei Nichtentgelt oder Aufhebung der Ehe. 1a. Auf besonderen Verpflichtungsgründen beruhende lebenslange und wiederkehrende Versorgungsleistungen. 1b. Leistungen auf Grund eines schuldrechtlichen Versorgungsausgleichs. Nur soweit die ihnen zugrunde liegenden Einnahmen beim Ausgleichsverpflichteten der Besteuerung unterliegen.	Abzugsfähigkeit an Zustimmung des Empfängers gebunden. Antrag kann nur auf ein Kalenderjahr gestellt und während dieser Zeit nicht widerrufen werden. Die Zustimmung ist bis auf Widerruf wirksam, der dem Finanzamt vor Beginn des Jahres, für das er erstmals gelten soll, zu erklären ist. Soweit sie nicht mit Einkünften in wirtschaftlichem Zusammenhang stehen, die bei der Veranlagung außer Betracht bleiben.	An Antrag des Gebers gebunden. Zustimmung vom Empfänger nötig, da er den Betrag versteuern muss. Der Höchstbetrag erhöht sich um die nach Nr. 3 (vgl. S. 19) für den Ehegatten aufgewendeten Beträge. Nur bei Leistungen im Zusammenhang mit Übertragung von Betrieb, Teilbetrieb, Mitunternehmeranteil oder einer mindestens 50 % umfassenden GmbH-Beteiligung, wenn der Übergeber Geschäftsführer war und der Übernehmer dies wird.
2. a) Beiträge zu den gesetzlichen Rentenversicherungen oder landwirtschaftlichen Alterskassen sowie zu berufsständischen Einrichtungen, die vergleichbare Leistungen erbringen. b) Beiträge zum Aufbau einer eigenen kapitalgedeckten Altersversorgung, wenn der Vertrag nur eine monatliche Rente ab dem 60. Lebensjahr, eine Berufsunfähigkeitsrente, eine Erwerbsminderungsrente oder eine Hinterbliebenenrente vorsieht. Zu den Beiträgen nach a) und b) ist der Arbeitgeberanteil zur Rentenversicherung, der nach § 3 Nr. 62 steuerfrei ist, und ein diesem gleichgestellter steuerfreier Zuschuss des Arbeitgebers hinzuzurechnen.	Abzugsfähigkeit begrenzt (siehe gesonderte Tabelle „Begrenzt abzugsfähige Sonderausgaben") Hinterbliebene in diesem Sinne sind der Ehegatte und die Kinder. Der Anspruch auf Waisenrente darf höchstens für die Zeit bestehen, in der der Rentenberechtigte die Voraussetzungen als Kind erfüllt. Die genannten Versorgungsrechte dürfen nicht vererbbar, beleihbar, veräußerbar oder kapitalisierbar sein; es darf darüber hinaus kein Anspruch auf Auszahlungen bestehen.	Für Vorsorgeaufwendungen wird bei Arbeitnehmern eine so genannte Vorsorgepauschale im Rahmen bestimmter Höchstbeträge berücksichtigt (mindestens 12 % des Arbeitslohns, höchstens 1 900 € in den Steuerklassen I, II, IV, V, VI und höchstens 3 000 € in Steuerklasse III). Im Rahmen der Veranlagung zur Einkommensteuer kann der Steuerpflichtige die tatsächlichen Vorsorgeaufwendungen geltend machen. Sie führen freilich nur insoweit zu einer Steuerermäßigung, als die tatsächlichen im Rahmen der Höchstbeträge abzugsfähigen Vorsorgeaufwendungen die Vorsorgepauschale übersteigen. Voraussetzung der Abzugsfähigkeit von Vorsorgeaufwendungen: – Sie dürfen nicht in unmittelbarem wirtschaftlichen Zusammenhang mit steuerfreien Einnahmen stehen. – müssen mit Versicherungsunternehmen mit Sitz oder Geschäftsleitung im EG-Raum, die im Inland zugelassen sind oder mit Versicherungsunternehmen, denen die Erlaubnis zum Geschäftsbetrieb im Inland erteilt ist, abgeschlossen sein, oder – müssen an berufsständische Versorgungseinrichtungen oder an einen Sozialversicherungsträger geleistet sein.

18

Arten der Sonderausgaben	Abzugsfähigkeit	Erläuterungen
Sonderausgaben nach § 10 EStG (Fortsetzung):		
3. a) Beiträge zu (Basis-)Krankenversicherungen b) Beiträge zu gesetzlichen Pflegeversicherungen	Abzugsfähig sind Beiträge zu gesetzlichen Krankenversicherung oder den privaten Krankenversicherungen die entsprechenden Anteile.	
3a. Beiträge zu Kranken- und Pflegeversicherungen, die die nach Nr. 3 a) und b) abzugsfähigen Beiträge übersteigen. Beiträge zu Haftpflicht-, Arbeitslosen-, Berufsunfähigkeits-, Unfall- und Risikolebensversicherungen sowie Beiträge zu Lebensversicherungen nach der Rechtslage bis 2004 (Altfälle).		
4. Gezahlte Kirchensteuer.	Unbeschränkt abzugsfähig.	Abzugsfähig sind nur Geldleistungen, die von den als Körperschaften des öffentlichen Rechts anerkannten Religionsgesellschaften von ihren Mitgliedern auf Grund gesetzlicher Bestimmung erhoben werden.
5. Abzug von Kinderbetreuungskosten für Kinder, die entweder das 14. Lebensjahr noch nicht vollendet haben oder wegen einer vor Vollendung des 25. Lebensjahres eingetretenen körperlichen, geistigen oder seelischen Behinderung außerstande sind, sich selbst zu unterhalten.	Zwei Drittel der Kosten, max. 4 000 € je Kind. Aufwendungen müssen durch Rechnung und Zahlung durch Überweisung nachgewiesen werden.	Kein Abzug von Aufwendungen für Unterricht, die Vermittlung besonderer Fähigkeiten (Musik etc.) sowie sportliche und andere Freizeitbetätigungen.
6. Steuerberatungskosten.	Private Steuerberatungskosten (z. B. Kosten für Hauptvordruck und Anlage Kind) sind ab 1. 1. 2006 nicht mehr abzugsfähig.	Abzug nur insoweit, als sie Betriebsausgaben oder Werbungskosten sind (z. B. für die Anlage N, Anlage V oder Anlage KAP).
7. Aufwendungen für die eigene Berufsausbildung des Steuerpflichtigen bzw. seines Ehegatten.	Bis 4 000 €; dies gilt auch bei Unterbringung außerhalb des Ortes, in dem der Steuerpflichtige seinen eigenen Hausstand unterhält.	Abzugsfähig sind in gleicher Höhe Aufwendungen für die Berufsausbildung des Ehegatten. Fortbildungskosten in einem ausgeübten Beruf sind Werbungskosten. Bei Aufwendungen für ein häusliches Arbeitszimmer, Fahrten zwischen Wohnung und Ausbildungsort und wegen doppelter Haushaltsführung gelten dieselben Abzugsbeschränkungen wie bei den Werbungskosten.
8. (weggefallen)		

Überblick über die Sonderausgaben (Fortsetzung)

Arten der Sonderausgaben	Abzugsfähigkeit	Erläuterungen
Sonderausgaben nach § 10 EStG (Fortsetzung):		
9. An staatlich genehmigte oder nach Landesrecht erlaubte Ersatzschulen sowie von nach Landesrecht anerkannte allgemeinbildende Ergänzungsschulen (private Schulen) gezahltes Schulgeld.	30 % des Aufwandes (max. 5 000 €) abzugsfähig, wenn der Steuerpflichtige Anspruch auf einen Kinderfreibetrag oder Kindergeld hat.	Aufwendungen für Betreuung und Verpflegung gehören nicht zu den Sonderausgaben nach § 10 Abs. 1 Nr. 9 EStG. Abzug auch möglich für Privatschulen im EU/EWR-Ausland.
Sonderausgaben für zusätzliche Altersvorsorge nach § 10 a EStG Ausgaben für einen zertifizierten Altersvorsorgevertrag	Beiträge einschließlich der nach Abschnitt XI des EStG gezahlten Zulage in den VZ 2002 und 2003 bis zu 525 € in den VZ 2004 und 2005 bis zu 1 050 € in den VZ 2006 und 2007 bis zu 1 575 € ab dem VZ 2008 bis zu 2 100 €	Von Amts wegen erfolgt eine Günstigerprüfung, ob die Zahlung der Zulage oder der Abzug als Sonderausgabe für den Steuerpflichtigen den größeren Vorteil ergibt.
Sonderausgaben für steuerbegünstigte Zwecke nach § 10 b EStG: Ausgaben zur Förderung mildtätiger, kirchlicher, religiöser, wissenschaftlicher und als besonders förderungswürdig anerkannter gemeinnütziger Zwecke i. S. der §§ 52–54 AO.	Seit VZ 2007 bei Zuwendungen (Spenden und Mitgliedsbeiträge) bis zu – 20 % des Gesamtbetrages der Einkünfte oder – 4 ‰ der Summe der gesamten Umsätze und der Löhne und Gehälter.	Die förderungswürdigen Zwecke ergeben sich abschließend aus §§ 52–54 AO. Nachträgliche Absetzbarkeit ist auch möglich, wenn der Steuerbescheid bereits unanfechtbar geworden ist.
Zuwendungen bei Neugründungen von Stiftungen sind zusätzlich bis zu 1 Million € innerhalb eines 10-Jahreszeitraums abziehbar; bei Ehegatten verdoppelt sich der Betrag, wenn formal beide spenden.	Mitgliedsbeiträge an Körperschaften, die – den Sport – kulturelle Betätigungen, die in erster Linie der Freizeitgestaltung dienen – die Heimatpflege und Heimatkunde oder – Zwecke der Tierzucht, Pflanzenzucht, Kleingärtnerei, Brauchtum einschließlich Karneval, der Soldaten- und Reservistenbetreuung, des Amateurfunkens, des Modellflugs und des Hundesports fördern, sind nicht abziehbar.	Der gutgläubige Steuerpflichtige darf auf die Richtigkeit der Spenden- oder Beitragsbescheinigung vertrauen. Vorsätzlich oder grob fahrlässig unrichtige Bescheinigungen lösen 30 % Einkommensteuer auf die zugewendeten Betrag aus. Aufwendungen zugunsten einer zum Empfang steuerlich abzugsfähiger Zuwendungen berechtigten Körperschaft sind nur abzugsfähig, wenn der Erstattungsanspruch durch Gesetz oder Satzung eingeräumt und der Erstattung verzichtet worden ist. Der Anspruch darf nicht unter der Bedingung des Verzichts eingeräumt worden sein.
Nicht abzugsfähige Spenden können zeitlich unbefristet auf die Folgejahre vorgetragen und dann jeweils im Rahmen der Höchstbeträge abgezogen werden.	Bei Sachentnahmen aus einem Betriebsvermögen darf der Buchwert als Entnahmewert nicht überschritten werden.	

Arten der Sonderausgaben	Abzugsfähigkeit	Erläuterungen
Mitgliedsbeiträge und Spenden an Parteien	Für Spenden an politische Parteien i. S. von § 2 Parteiengesetz (einschl. Wahlervereinigungen und Parteibeiträge) ist nach § 34 g eine Steuerermäßigung in Höhe der Hälfte der Zahlungen bis max. 825 € bzw. 1 650 € bei Zusammenveranlagung möglich; darüber hinausgehende Beträge sind bis max. 1 650 € bzw. 3 300 € bei Zusammenveranlagung als Sonderausgabe abzugsfähig.	
Verlustabzug nach § 10d EStG	Verluste, die nach Ermittlung der Gesamteinkünfte verbleiben, sind bis 511 500 €, bei zusammenveranlagten Ehegatten bis zu 1 023 000 €, wie Sonderausgaben vom Gesamtbetrag der Einkünfte des dem Veranlagungszeitraum vorausgegangenen Veranlagungszeitraum abzuziehen.	Der Verlustabzug kann nicht durch Rechtsgeschäft übertragen werden. Im Erbfall erfolgt Verlustausgleich mit den Einkünften des Erben. Reichen die Einkünfte des Erben zum vollständigen Ausgleich nicht aus, so erfolgt Verlustrücktrag auf den vorangegangenen Veranlagungszeitraum beim Erben und anschließend Verlustvortrag.
	Bereits erlassene Steuerbescheide oder rechtskräftige Veranlagungen sind insoweit zu ändern bzw. zu berichtigen, als der Verlustabzug zu gewähren oder zu berichtigen ist.	
	Verjährungsfristen enden insoweit nicht, bevor die Verjährungsfrist für den Veranlagungszeitraum abgelaufen ist, in dem die Verluste nicht ausgeglichen werden.	
	Soweit die Verluste 511 500 €/1 023 000 € übersteigen oder soweit Verluste im Rücktrag nicht ausgeglichen werden konnten, sind sie im Laufe der folgenden Jahre bis zu einem Gesamtbetrag der Einkünfte von 1 Mio. € unbeschränkt, bei zusammenveranlagten Ehegatten bis zu 2 Mio. € unbeschränkt, darüber hinaus bis zu 60 % des Sockelbetrag übersteigenden Gesamtbetrags der Einkünfte vorrangig vor Sonderausgaben vom Gesamtbetrag der Einkünfte abzuziehen.	Beim Verlustrücktrag wird der Gesamtbetrag der Einkünfte ab VZ 2008 um Begünstigungsbeträge nach § 34a Abs. 3 Satz 1 EStG (Steuerbegünstigung des nicht entnommenen Gewinns) gemindert.
	Auf Antrag kann vom Rücktrag abgesehen oder bestimmt werden, in welche Höhe der Verlust zurückgetragen werden soll.	
	Der am Schluss eines Veranlagungszeitraumes verbleibende nicht ausgeglichene Verlust ist gesondert festzustellen (Feststellungsbescheid).	

Überblick über die Sonderausgaben (Fortsetzung)

Arten der Sonderausgaben	Abzugsfähigkeit	Erläuterungen
Verlustabzug nach § 10 d EStG (Fortsetzung)	Einschränkung für Verluste, die zu negativem Kapitalkonto bei Kommanditisten führen (vgl. § 15a EStG) sowie für bestimmte negative ausländische Einkünfte (Ausgleich nur mit Gewinnen derselben Art aus dem gleichen Staat, höchstens bis zu den sieben folgenden Jahren, vgl. § 2 a EStG). Dies gilt nicht für Verluste aus gewerblichen ausländischen Betriebsstätten, soweit sie ausschließlich der Lieferung von Waren dienen (wobei bestimmte Lieferungen und insbesondere Leistungen ausgeschlossen sind), vgl. § 2 a Abs. 2 EStG.	
Steuerbegünstigung für zu eigenen Wohnzwecken genützte Baudenkmale und Gebäude in Sanierungsgebieten und städtebaulichen Entwicklungsgebieten nach § 10 f EStG:	Bis zu 9 % der Aufwendungen können im Jahr der Baumaßnahme und den 9 Folgejahren wie Sonderausgaben abgezogen werden, sofern es sich um Modernisierungs- und Instandsetzungsmaßnahmen i.S.v. § 177 Baugesetzbuch handelt und der Steuerpflichtige nicht bereits erhöhte Abschreibungen nach §§ 7 h und i EStG dafür in Anspruch genommen hat. Voraussetzungen für die Zugehörigkeit zur begünstigten Bausubstanz vgl. §§ 7 h und i EStG. Bei Verkauf des Objektes während der Aufwandverteilungszeit ist der noch nicht abgesetzte Aufwand im Veräußerungsjahr abzusetzen (vgl. auch §§ 11a und b EStG). Inanspruchnahme der Begünstigung nach § 10 f EStG setzt voraus, dass die Begünstigung nicht bereits nach § 10 e, g oder h EStG oder dem Eigenheimzulagengesetz in Anspruch genommen wurde.	Es kann sich auch um Eigentumswohnungen und im Teileigentum stehende Räume handeln. Die Zugehörigkeit der Bausubstanz zu den Baudenkmalen, zu einem Sanierungs- oder einem städtebaulichen Entwicklungsgebiet muss von der dafür zuständigen Behörde bescheinigt sein. Die Absetzungen nach § 10 f EStG können nur vorgenommen werden, soweit sie nicht aus öffentlichen Zuschüssen finanziert sind. Die Zuschusshöhe ist behördlich zu bescheinigen. Der Steuerpflichtige kann die Begünstigung nur für ein Objekt, zusammen veranlagte Ehegatten können sie für zwei Objekte in Anspruch nehmen.

Arten der Sonderausgaben	Abzugsfähigkeit	Erläuterungen
Steuerbegünstigung für schutzwürdige inländische Kulturgüter, die weder zur Einkunftserzielung noch zu eigenen Wohnzwecken genutzt werden, nach § 10 g EStG:	Bis zu 9 % der Aufwendungen, soweit sie öffentliche oder private Zuwendungen oder Einnahmen übersteigen, können im Jahr des Abschlusses der Maßnahme und den neun Folgejahren wie Sonderausgaben abgezogen werden; es muss sich nach landesrechtlichen Vorschriften um Baudenkmale, eine als Einheit geschützte Gebäudegruppe, gärtnerische, bauliche, sonstige Anlagen handeln. Auch Mobiliar, Kunstgegenstände, Kunst- und wissenschaftliche Sammlungen, Büchereien oder Archive – soweit seit 20 Jahren im Familienbesitz – kommen bei künstlerischer, historischer, öffentlicher Bedeutung im öffentlichen Interesse in Betracht.	Voraussetzung: Die Kulturgüter müssen der Wissenschaft oder der Öffentlichkeit zugänglich gemacht werden. Einnahmenerzielung oder Nutzung zu eigenen Wohnzwecken schließen die Begünstigung aus. Die Aufwendungen dürfen nicht bereits zur Bemessungsgrundlage nach anderen Begünstigungsvorschriften gehören.

Begrenzt abzugsfähige Sonderausgaben (Vorsorgeaufwendungen)

A. Beiträge zur Basisversorgung (§ 10 Abs. 1 Nr. 2 Buchstaben a und b EStG)
vgl. im Einzelnen Tabelle Seite 18 Spalte 1 Nr. 2 a) und b)

	Personenkreis	Höchstbetrag €	Anzusetzen in v.H. des Höchstbetrags	Kürzung des anzusetzenden Höchstbetrages
1	Einzelpersonen (ausgenommen Arbeitnehmer)	20 000	74	–
2	Einzelpersonen (Arbeitnehmer)	20 000	74	Arbeitgeberbeiträge
3	Zusammen veranlagte Ehegatten (ausgenommen Arbeitnehmer)	40 000	74	–
4	Zusammen veranlagte Ehegatten (Arbeitnehmer)	40 000	74	Arbeitgeberbeiträge

B. Beiträge zur Grundförderung (§ 10 Abs. 1 Nr. 3 Buchstaben a und b sowie Nr. 3a EStG)
vgl. im Einzelnen Tabelle Seite 19 Spalte 1 Nr. 3 a) und b) und 3a

	Personenkreis	Höchstbetrag €	Erläuterungen
1	Gesetzlich Krankenversicherte und Beamte	1 900	–
2	Andere Einzelpersonen	2 800	–
3	Zusammen veranlagte Ehegatten	3 800 – 5 600	Jeder Ehegatte erhält den ihm nach 1 oder 2 zustehenden Höchstbetrag.

Steuerliche Fördermöglichkeiten für eine zusätzliche private Altersvorsorge

Rechtsquelle: Altersvermögensgesetz (AVmG) vom 26.6.2001, BGBl. I S. 1310

Allgemeines	1. Für Altersvorsorgebeiträge besteht ein Anspruch auf Altersvorsorgezulage. Diese Zulage setzt sich aus einer Grundzulage und einer Kinderzulage zusammen.
	2. Daneben besteht die Möglichkeit, Beiträge zu einer zusätzlichen Altersversorgung mit bestimmten Vom-Hundert-Sätzen der Beitragsbemessungsgrenze der gesetzlichen Rentenversicherung im Rahmen einer Günstigerprüfung als Sonderausgaben abzuziehen.
	Die Günstigerprüfung, ob der mögliche Sonderausgabenabzug höher ist als die gewährte Zulage, wird vom Finanzamt nach Ablauf des Kalenderjahrs von Amts wegen durchgeführt. Ist die Steuerersparnis durch den Sonderausgabenabzug höher als die gezahlte Zulage, wird die Differenz erstattet. Die gezahlten Zulagen bleiben auf dem Anlagekonto.

Maßgebliche Beträge

Kalenderjahr	Grundzulage (§ 84 EStG) €	Kinderzulage (§ 85 EStG) €	Begünstigung als Sonderausgaben (§ 10a EStG) €	Mindesteigenbeitrag[1] (§ 86 EStG)
2002/2003	38	46	525	1 %
2004/2005	76	92	1050	2 %
2006/2007	114	138	1575	3 %
ab 2008	154	185/300[2]	2100	4 %

ab 2008 einmalig Berufseinsteigerbonus bis 25. Lebensjahr: 200 €

[1] Der Mindesteigenbeitrag richtet sich nach den beitragspflichtigen Einnahmen des Vorjahres, max. der Beitragsbemessungsgrenze der gesetzlichen Rentenversicherung. Auf den Eigenbeitrag werden die ausgezahlten Zulagebeträge angerechnet. Beispiel für 2011: Jahreseinkommen 50 000 € x 4 % = 2 000 €. Zulage für verheirateten Arbeitnehmer mit zwei 2005 und 2007 geborenen Kindern (154 + 2 x 185 −) 524 €. Mindesteigenbeitrag also (2 000 ./. 524 =) 1 476 €. Wurde dieser bezahlt, besteht Anspruch auf volle Förderung.

[2] Für ab dem 1.1.2008 geborene Kinder

Förderfähigkeit	Förderfähig sind Anlageformen, die im Alter zu einer ergänzenden Absicherung durch lebenslange Einkommensleistungen führen. Hierzu gehören:
	− Leibrenten (private Rentenversicherung) oder − Auszahlungspläne mit Restverrentungspflicht (Banksparpläne) sowie − die betriebliche Altersvorsorge.
	Das Anlageprodukt muss die Kriterien für eine steuerliche Förderung erfüllen. Die bundeseinheitliche Zertifizierung nach § 5 a Altersvorsorgeverträgezertifizierungsgesetz muss vom Produktanbieter eingeholt werden.

Steuerliche Behandlung der Leistungen	Spätere Zuflüsse aus Altersvorsorgeverträgen sind in vollem Umfang steuerpflichtige Einnahmen (nachgelagerte Besteuerung nach § 22 Nr. 5 EStG). Ausgenommen hiervon sind anteilige Leistungen aus steuerlich nicht geförderten Altverträgen bzw. über die förderfähige Summe hinaus erbrachte Einzahlungen.

Bindung	Das angesparte Altersvorsorgevermögen ist bis zum Beginn einer Altersrente bzw. einer Rente wegen verminderter Erwerbsfähigkeit oder dem 60. Lebensjahr des Arbeitnehmers gebunden. Die vorzeitige Rückzahlung führt zur Rückforderung der geleisteten Zulagen bzw. zur Nachversteuerung der durch den Sonderausgabenabzug erzielten Steuervorteile. Ausgenommen hiervon ist die Verwendung von mind. 10 000 € und max. 50 000 € zur Finanzierung einer eigengenutzten Wohnung oder eines eigengenutzten Hauses, wenn die entnommenen Mittel bis zur Vollendung des 65. Lebensjahres in das Altersvorsorgevermögen zurückgezahlt wurden (§§ 92, 92a EStG).

Personenkreis	a) Pflichtversicherte in der gesetzlichen Rentenversicherung und nach dem Gesetz über die Alterssicherung der Landwirte; b) Empfänger von Besoldung und diesen gleichgestellte Personen; c) Pflichtversicherten gleichgestellte Personen (Arbeitssuchende); d) mittelbar zulageberechtigte Personen (Ehegatten).

Regelungen der betrieblichen Altersversorgung aus steuerlicher Sicht (2012)

Rechtsquelle: Altersvermögensgesetz (AVmG) vom 26.6.2001, BGBl. I S. 1310 und Alterseinkünftegesetz (AltEinkG) vom 5.7.2004, BGBl. I S. 1427; §§ 4b bis 4e EStG

Form der betrieblichen Altersversorgung	Behandlung der Beiträge/Zuwendungen	Behandlung der Leistungen in der Auszahlungsphase
Direktzusage	Rückstellung beim Arbeitgeber (steuerfrei); kein Lohnzufluss beim Arbeitnehmer	Lohnsteuerabzug durch den Arbeitgeber als Einkünfte aus nichtselbständiger Arbeit nach § 19 Abs. 1 Satz 1 Nr. 2 EStG; dabei wird der Werbungskosten-Pauschbetrag von 102 € berücksichtigt. Zusätzlich wird ein Versorgungsfreibetrag von (2012) 28,8 % der Versorgungsbezüge, max. 2 160 € und ein Zuschlag zum Versorgungsfreibetrag von 648 € abgezogen.
Unterstützungskasse	beim Arbeitgeber steuerfrei bis zur Höhe des Kassenvermögens (§ 4d EStG); kein Lohnzufluss beim Arbeitnehmer	
Rückgedeckte Unterstützungskasse	beim Arbeitgeber steuerfrei (§ 4d EStG); kein Lohnzufluss beim Arbeitnehmer	
Direktversicherung	beim Arbeitgeber steuerfrei (Betriebsausgabe; § 4b EStG)	Die Leistungen sind nach § 22 Nr. 5 Satz 1 EStG voll zu versteuern.
	beim Arbeitnehmer steuerfrei nach § 3 Nr. 63 EStG bis zu 4 % von 67 200 € = 2 688 € (Beitragsbemessungsgrenze der allg. Rentenversicherung 2012); für Neuzusagen (seit 2005) sind zusätzliche 1 800 € steuerfrei	
	Sonderausgabenabzug und Zulagenförderung nach § 10a EStG (seit 2008 zus. max. 2 100 €)	
	Neuzusagen (seit 2005), die die Voraussetzungen des § 10 Abs. 1 Nr. 2 Buchst. b EStG erfüllen: Sonderausgabenabzug bis max. 74 % von 20 000 € (2012)	Besteuerung nach § 22 Nr. 1 Satz 3 Buchst. a Doppelbuchst. aa EStG mit einem Ertragsanteil von 64 % (2012)
	Altzusagen (bis 2004) weiterhin steuerpflichtiger Arbeitslohn, LSt kann nach § 40b EStG bis zur Höhe von 1 752 € mit 20 % pauschal erhoben werden.	Sonstige Einkünfte nach § 22 Nr. 1 Satz 3 Buchst. a Doppelbuchst. bb EStG mit Ertragsanteil (abhängig vom Rentenbeginn)
Pensionskasse	Beim Arbeitgeber steuerfrei (Betriebsausgabe; § 4c EStG)	Die Leistungen sind nach § 22 Nr. 5 Satz 1 EStG voll zu versteuern.
	Beim Arbeitnehmer steuerfrei nach § 3 Nr. 63 EStG bis zu 4 % von 67 200 € = 2 688 € (Beitragsbemessungsgrenze der allg. Rentenversicherung 2012); für Neuzusagen (seit 2005) sind zusätzliche 1 800 € steuerfrei	
	Sonderausgabenabzug und Zulagenförderung nach § 10a EStG (seit 2008 zus. max. 2 100 €)	
	Neuzusagen (seit 2005), die die Voraussetzungen des § 10 Abs. 1 Nr. 2 Buchst. b EStG erfüllen: Sonderausgabenabzug bis max. 74 % von 20 000 € (2012)	Besteuerung nach § 22 Nr. 1 Satz 3 Buchst. a Doppelbuchst. aa EStG mit einem Ertragsanteil von 64 % (2012)

Form der betrieblichen Altersversorgung	Behandlung der Beiträge/Zuwendungen	Behandlung der Leistungen in der Auszahlungsphase
Pensionskasse (Forts.)	Altzusagen (bis 2004) weiterhin steuerpflichtiger Arbeitslohn, LSt kann nach § 40b EStG bis zur Höhe von 1 752 € mit 20 % pauschal erhoben werden.	Sonstige Einkünfte nach § 22 Nr. 1 Satz 3 Buchst. a Doppelbuchst. bb EStG mit Ertragsanteil (abhängig vom Rentenbeginn); siehe Tabelle S. 36 unten
Pensionsfonds	beim Arbeitgeber steuerfrei (Betriebsausgabe; § 4e EStG)	Die Leistungen sind nach § 22 Nr. 5 Satz 1 EStG voll zu versteuern.
	beim Arbeitnehmer steuerfrei nach § 3 Nr. 63 EStG bis zu 4 % von 67 200 € = 2 688 € (Beitragsbemessungsgrenze der allg. Rentenversicherung 2012); für Neuzusagen (seit 2005) sind zusätzliche 1 800 € steuerfrei	
	Sonderausgabenabzug und Zulagenförderung nach § 10a EStG (seit 2008 zus. max. 2 100 €)	
	Neuzusagen (seit 2005), die die Voraussetzungen des § 10 Abs. 1 Nr. 2 Buchst. b EStG erfüllen: Sonderausgabenabzug bis max. 74 % von 20 000 € (2012)	Besteuerung nach § 22 Nr. 1 Satz 3 Buchst. a Doppelbuchst. aa EStG mit einem Ertragsanteil von 64 % (2012)

Außergewöhnliche Belastungen im Einkommensteuerrecht

Rechtsquelle: § 33 EStG

Wenn einem Steuerpflichtigen zwangsläufig größere Aufwendungen erwachsen als bei der überwiegenden Mehrzahl der Steuerpflichtigen gleicher Einkommens- und Vermögensverhältnisse sowie gleichen Familienstandes, so ist auf Antrag Ermäßigung der Einkommensteuer möglich (Bsp.: Krankheits-, Ehescheidungskosten). Das geschieht durch Abzug des einen zumutbaren Anteil der Belastung übersteigenden Betrages der Gesamteinkünfte. Als Kinder des Steuerpflichtigen zählen nur diejenigen, für die er einen Kinderfreibetrag oder Kindergeld erhält.

Zuordnung der Steuerpflichtigen	Zumutbare Belastung in einem Prozentsatz des Gesamtbetrags der Einkünfte		
	bis 15 340 €	über 15 340 € bis 51 130 €	über 51 130 €
	%	%	%
1. Steuerpflichtige ohne Kinder			
a) bei Besteuerung zum Normal-tarif (§ 32 a Abs. 1) für Allein-stehende	5	6	7
b) bei Besteuerung zum Splitting-tarif (§ 32 a Abs. 5 oder 6) für Ehegatten	4	5	6
2. Steuerpflichtige mit Kindern			
a) mit einem oder zwei Kindern	2	3	4
b) mit drei oder mehr Kindern	1	1	2

Lohn- bzw. einkommensteuerfreie Pauschbeträge für Behinderte und Hinterbliebene

Rechtsquellen: § 33 b EStG, § 65 EStDV, R 33 b EStR und H 33 b EStH

Wenn dem Behinderten unmittelbar als Folge dieser Behinderung außergewöhnliche Belastungen erwachsen, kann er anstelle einer Steuerermäßigung nach § 33 EStG einen Behinderten-Pauschbetrag geltend machen.

Abzugsberechtigte:

1. Behinderte mit weniger als 50 %, aber mindestens 25 % Erwerbsfähigkeitsminderung, wenn

   a) dem Behinderten wegen der Behinderung gesetzlich Renten oder andere laufende Bezüge zustehen (auch wenn diese ruhen oder durch Kapitalabfindung abgelöst sind),

   b) die Behinderung zu äußerlich erkennbarer dauernder Einbuße der körperlichen Beweglichkeit geführt hat oder auf Berufskrankheit beruht.

   Nachweis durch Renten- oder entsprechenden Bescheid oder Bescheinigung oder Feststellungsbescheid der zuständigen Behörde.

2. Körperbehinderte mit mindestens 50 % Erwerbsfähigkeitsminderung mit Schwerbehindertenausweis oder Bescheid der zuständigen Behörde.

Stufe	Minderung der Erwerbsfähigkeit in %	Pauschbeträge in €
1	25 und 30	310
2	35 und 40	430
3	45 und 50	570
4	55 und 60	720
5	65 und 70	890
6	75 und 80	1060
7	85 und 90	1230
8	95 und 100	1420

3. Für Blinde und solche Behinderte, die dauernd fremder Hilfe bedürfen, erhöht sich der Pauschbetrag auf 3 700 €

4. Hinterbliebene erhalten u. U. auf Antrag einen abzugsfähigen Pauschbetrag (Hinterbliebenen-Pauschbetrag) von 370 € auf die der Art nach genau festgelegten Hinterbliebenenbezüge (vgl. § 33 b Abs. 4 EStG).

5. Bei Pflege einer hilflosen Person kann anstelle der Kosten nach § 33 ein Pflege-Pauschbetrag von 924 € geltend gemacht werden (§ 33 b Abs. 6 EStG).

Voraussetzungen für kindbedingte Steuerbegünstigungen

Rechtsquelle: § 32 Abs. 3 bis 5 Einkommensteuergesetz (EStG) i.d.F. der Bekanntmachung vom 16. 4. 1997, BGBl. I S. 821, mit laufenden Änderungen

Begriff des Kindes	Als Kinder werden berücksichtigt: – im ersten Grad mit dem Steuerpflichtigen verwandte Kinder, – Pflegekinder.	
Kinder bis zur Vollendung des 18. Lebensjahres	Berücksichtigt wird ein Kind von dem Monat, in dem es lebend geboren wurde, und in jedem folgenden Monat, zu dessen Beginn es das 18. Lebensjahr noch nicht vollendet hat.	
Kinder nach Vollendung des 18. Lebensjahres bis zur Vollendung des 21. Lebensjahres	Berücksichtigt wird ein Kind, das arbeitslos ist und der Arbeitsvermittlung im Inland zur Verfügung steht.	Nach Abschluss einer erstmaligen Berufsausbildung oder eines Erststudiums wird das Kind nur berücksichtigt, wenn es keiner Erwerbstätigkeit nachgeht; unschädlich ist dabei – eine Erwerbstätigkeit von weniger als 20 Std. regelmäßiger wöchentlicher Arbeitszeit, – ein Ausbildungsverhältnis oder – eine geringfügige Beschäftigung.
Kinder nach Vollendung des 18. Lebensjahres bis zur Vollendung des 25. Lebensjahres	Berücksichtigt wird ein Kind – das für einen Beruf ausgebildet wird oder – sich in einer Übergangszeit zwischen zwei Ausbildungsabschnitten oder Ausbildung und Wehr- bzw. Ersatzdienst von höchstens vier Monaten befindet oder – eine Berufsausbildung mangels Ausbildungsplatzes nicht beginnen oder fortsetzen kann oder – ein freiwilliges soziales Jahr leistet oder – ein freiwilliges ökologisches Jahr leistet.	
Verlängerung der Grenze 21. oder 25. Lebensjahr	Ein Kind, – das arbeitslos ist und der Arbeitsvermittlung im Inland zur Verfügung steht, wird über das 21. Lebensjahr hinaus berücksichtigt, – das für einen Beruf ausgebildet wird, wird über das 25. Lebensjahr hinaus berücksichtigt, wenn – das Kind gesetzlichen Grundwehrdienst oder Zivildienst geleistet hat, – das Kind freiwilligen Wehrdienst geleistet hat oder ersatzweise einen vom Wehrdienst oder Zivildienst befreienden Dienst im Polizeivollzugsdienst oder als Entwicklungshelfer geleistet hat, höchstens für die Dauer des inländischen gesetzlichen Grundwehrdienstes oder Zivildienstes.	
Kinder nach Vollendung des 18. Lebensjahres ohne weitere Altersbeschränkung	Ein Kind wird berücksichtigt, wenn es wegen körperlicher, geistiger oder seelischer Behinderung außerstande ist, sich selbst zu unterhalten.	Über das 25. Lebensjahr hinaus nur, wenn die Behinderung vor Vollendung des 25. Lebensjahres eingetreten ist.

Freibeträge bei der Einkommensteuer

	Art des Frei-betrages	Fundstelle im EStG	Erläuterung der Vorschriften		Höhe der jährlichen Frei-betrages
			Voraussetzungen der Anwendung und Berechnungsverfahren	Zweck der Vorschrift sowie Anmerkungen	
1	Altersent-lastungs-betrag (abzu-ziehen unmittel-bar von der Summe der Ein-künfte)	§ 24 a	Erstmalig möglich in dem Kalender-jahr, das dem der Vollendung des 64. Lebensjahres folgt. Berechnung aus dem Arbeitslohn und der positiven Summe der Einkünfte, die nicht solche aus nichtselbständi-ger Arbeit sind. Versorgungsbezüge nach § 19 Abs. 2, Einkünfte aus Leib-renten nach § 22 Nr. 1 und Einkünfte i.S. von § 22 Nr. 4 Satz 4 Buchstabe b und Nr. 5 Satz 2 Buchstabe a EStG bleiben zwecks Vermeidung der Dop-pelbegünstigung außer Ansatz.	Alterssicherung vor allem derjenigen, denen im Alter nicht Leibrenten oder Ver-sorgungsbezüge zustehen. Weiterhin Begünstigung solcher Sozialrentner oder Pensionäre, die neben der Altersversorgung noch andere einkommensteuer-pflichtige Einkünfte haben.	1 368 € Höchst-betrag (bei erst-maligem Anspruch in 2012)
2	Entlastungs-betrag für Alleinerzie-hende	§ 24 b	Alleinstehende Steuerpflichtige erhal-ten einen Entlastungsbetrag, wenn sie mit mindestens einem Kind, für das ihnen ein Freibetrag nach § 32 Abs. 6 oder Kindergeld zusteht, eine Haus-haltsgemeinschaft in einer gemeinsa-men Wohnung bilden und der Steuer-pflichtige und das Kind in der gemein-samen Wohnung mit Hauptwohnsitz gemeldet sind.	Begünstigung von Haus-halten Alleinerziehender mit Kindern. Als Alleinerziehende gelten Personen, die die Voraus-setzungen für eine Ehegat-tenveranlagung nicht erfül-len und keine Haushalts-gemeinschaft mit einer an-deren Person bilden. Eine Haushaltsgemein-schaft ist in der Regel an-zunehmen, wenn eine an-dere Person mit Haupt- oder Nebenwohnsitz in der Wohnung des Steuerpflich-tigen gemeldet ist.	1 308 €
3	Aus-bildungs-freibetrag für Kinder, für die ein Kinderfrei-betrag ge-währt oder Kindergeld gezahlt wird	§ 33 a Abs. 2	Erwachsen einem Steuerpflichtigen Aufwendungen für die Berufsausbil-dung eines Kindes, für das er einen Kinderfreibetrag oder Kindergeld erhält, so wird auf Antrag ein Frei-betrag gewährt. Er gilt auch für beschränkt steuerpflichtige Kinder i.S. § 1 Abs. 4 EStG, wenn bei unter-stellter unbeschränkter ESt-Pflicht ein Kinderfreibetrag zu gewähren wäre. Der Ausbildungsfreibetrag wird auch für Kinder, die ihren Grundwehr- oder Zivildienst abgeleistet haben, für die Dauer dieser Dienste (monatlich) über den Monat der Vollendung des 25. Lebensjahres hinaus gewährt.	Besondere Ausbildungs-förderung unter Berück-sichtigung des Lebens-alters des Kindes und zu-sätzlicher Aufwendungen bei auswärtiger Unter-bringung. Bei beschränkt steuer-pflichtigen Kindern können nur nach den Verhältnis-sen des Wohnsitzstaates notwendige und angemes-sene Aufwendungen, höch-stens der obige Betrag, an-gesetzt werden. Die Not-wendigkeit zum Aufwand aus rechtlichen, tatsächli-chen oder sittlichen Grün-den bestimmt sich nach In-landsmaßstäben.	924 €

Art des Frei-betrages	Fundstelle im EStG	Erläuterung der Vorschriften		Höhe des jährlichen Frei-betrages
		Voraussetzungen der Anwendung und Berechnungsverfahren	Zweck der Vorschrift sowie Anmerkungen	
Haus-gehilfinnen-freibetrag	§ 33a Abs. 3 Satz 1	Erwachsen einem Steuerpflichtigen Aufwendungen durch Beschäftigung einer Hilfe im Haushalt, so wird auf An-trag ein Freibetrag gewährt (Höchst-satz siehe letzte Spalte), wenn	Berücksichtigung zusätz-licher, durch Alter oder Gesundheitszustand bedingter Aufwendungen. Ab 1990 zweimaliger Abzug möglich, wenn die Ehegatten wegen Pflege-bedürftigkeit eines Ehe-gatten an gemeinsamer Haushaltführung gehindert sind. Der Freibetrag ist für Monate, in denen die Voraussetzungen nicht vorlagen, nur anteilig zu gewähren.	
		1. der Steuerpflichtige oder sein nicht dauernd getrennt lebender Ehe-gatte das 60. Lebensjahr vollendet hat oder		624 €
		2. Krankheit des Steuerpflichtigen oder seines nicht dauernd getrennt lebenden Ehegatten oder eines zu seinem Haushalt gehörenden Kindes oder einer anderen zu seinem Haushalt gehörenden Per-son die Beschäftigung einer Hilfe im Haushalt erforderlich macht.		624 €
		Ist eine der unter Pos. 2 genannten Personen hilflos im Sinne des § 33b EStG oder schwerbehindert, so kann nebenstehender Höchstbetrag vom Gesamtbetrag der Einkünfte abgezogen werden.	Gleichbehandlung von Tatbeständen, die wirt-schaftlich vergleichbare Belastungen verursachen.	924 €
Heim-bewohner-freibetrag	§ 33a Abs. 3 Satz 2	Erwachsen einem Steuerpflichtigen wegen der Unterbringung in einem Heim oder zur dauernden Pflege Auf-wendungen, die Kosten für Dienstlei-stungen enthalten, die mit denen einer Hilfe im Haushalt vergleichbar sind, so können sie bis zu nebenstehenden Höchstbeträgen vom Gesamtbetrag der Einkünfte abgezogen werden:		
		– wenn der Steuerpflichtige oder sein nicht dauernd getrennt lebender Ehegatte in einem Heim untergebracht ist, ohne pflegebedürftig zu sein,		624 €
		– wenn die Unterbringung zur dauernden Pflege erfolgt.		924 € Für zu-sammen veranlagte Ehegatten Verdoppe-lung der Beträge nur dann, wenn die Ehegatten wegen Pflegebe-dürftigkeit eines der Ehegatten an einer gemein-samen Haushalts-führung gehindert sind.

Freibeträge bei der Einkommensteuer (Fortsetzung)

Art des Freibetrages	Fundstelle im EStG	Erläuterung der Vorschriften		Höhe der jährlichen Freibetrage
		Voraussetzungen der Anwendung und Berechnungsverfahren	Zweck der Vorschrift sowie Anmerkungen	
6 Kinderfreibetrag	§ 32 Abs. 4 Abs. 6 und § 39 Abs. 3	Gilt grundsätzlich für Kinder bis zum 18. Lebensjahr. Ein Kind, das das 18. Lebensjahr vollendet hat, wird berücksichtigt, wenn es – noch nicht das 21. Lebensjahr vollendet hat und arbeitslos im Sinne des SGB III ist, – noch nicht das 25. Lebensjahr vollendet hat und a) für einen Beruf ausgebildet wird oder b) sich in einer Übergangszeit zwischen zwei Ausbildungsabschnitten von höchstens vier Monaten befindet, c) eine Berufsausbildung mangels Ausbildungsplatzes nicht beginnen oder fortsetzen kann, d) ein freiwilliges soziales Jahr i.S. des Gesetzes zur Förderung eines freiwilligen sozialen Jahres leistet, e) ein freiwilliges ökologisches Jahr nach dem Gesetz zur Förderung eines freiwilligen ökologischen Jahres leistet, – sich wegen körperlicher, geistiger oder seelischer Behinderung nicht selbst unterhalten kann, wenn die Behinderung vor Vollendung des 25. Lebensjahres eingetreten ist. Über das 21. Lebensjahr hinaus wird ein arbeitsloses Kind und über das 25. Lebensjahr hinaus ein in Berufsausbildung befindliches Kind berücksichtigt, – das den gesetzlichen Grundwehrdienst oder Zivildienst geleistet hat, für einen der Dauer dieses Dienstes entsprechenden Zeitraum, höchstens für die Dauer des inländischen gesetzlichen Grundwehrdienstes oder Zivildienstes, oder – das sich während eines der Dauer von nicht mehr als drei Jahren zum Wehrdienst oder zum Polizeivollzugsdienst, der an Stelle des gesetzlichen Grundwehr- oder Zivildienstes geleistet wird, verpflichtet hat, für einen der Dauer dieses Dienstes entsprechenden Zeitraum, höchstens für die Dauer des inländischen gesetzlichen Grundwehrdienstes, bei anerkannten Kriegsdienstverweigerern für die Dauer des inländischen gesetzlichen Zivildienstes, oder	Zur Berücksichtigung der Kosten für Kinder wird vom Finanzamt von Amts wegen eine Vergleichsrechnung durchgeführt. Während des Jahres wird Kindergeld gezahlt; bei einer Veranlagung zur Einkommensteuer wird der Kinder- sowie der unter 7 dargestellte Betreuungsfreibetrag angesetzt, wenn dies für den Steuerpflichtigen günstiger ist. Die Zahl der Kinderfreibeträge wird in die Lohnsteuerkarten eingetragen. Kommt bei einem nicht zusammen zu veranlagenden unbeschränkt steuerpflichtigen Elternpaar im wesentlichen nur ein Elternteil seiner Unterhaltsverpflichtung gegenüber dem Kind nach, der andere jedoch nicht, so kann der Kinderfreibetrag des anderen Elternteils auf Antrag auf ihn unwiderruflich übertragen werden. Für beschränkt steuerpflichtige Kinder, die auch im Kalenderjahr nicht unbeschränkt steuerpflichtig wurden, kann ein Kinderfreibetrag nur abgezogen werden, soweit er nach den Verhältnissen des Wohnsitzstaates des Kindes notwendig und angemessen ist. Für Monate, in denen die Voraussetzungen nicht vorgelegen haben (Kürzungsmonate) werden die Freibeträge anteilig gekürzt.	2 184 € für jedes zu berücksichtigende Kind eines Steuerpflichtigen. Zusammen zu veranlagende Eheleute haben je Kind einen Freibetrag von insgesamt 4 368 €.

Art des Frei- betrages	Fund- stelle im EStG	Erläuterung der Vorschriften		Höhe des jährlichen Frei- betrages
		Voraussetzungen der Anwendung und Berechnungsverfahren	Zweck der Vorschrift sowie Anmerkungen	
Kinder- freibetrag (Forts.)		– das eine vom gesetzlichen Grundwehr- dienst oder Zivildienst befreiende Tätig- keit als Entwicklungshelfer im Sinne des § 1 Abs. 1 des Entwicklungshelfer-Ge- setzes ausgeübt hat, für einen der Dauer dieser Tätigkeit entsprechenden Zeitraum, höchstens für die Dauer des inländischen gesetzlichen Grundwehr- dienstes, bei anerkannten Kriegsdienst- verweigerern für die Dauer des inländi- schen gesetzlichen Zivildienstes.		
Betreuungs- freibetrag	§ 32 Abs. 4 und Abs. 6	Gilt für jedes zu berücksichtigende Kind. Für Kinder, die wegen körperlicher, geisti- ger oder seelischer Behinderung außer- stande sind, sich selbst zu unterhalten und bei denen die Behinderung vor Voll- endung des 25. Lebensjahres eingetreten ist, gibt es keine Altersbeschränkung.	Seit 2000 tritt der Betreu- ungsfreibetrag neben den Kinderfreibetrag. Nach den Vorgaben des BVerfG soll damit neben dem sächli- chen Bedarf auch der Be- treuungsbedarf eines Kin- des als zusätzliches Existenzminimum steuer- frei gestellt werden.	1 320 € für jedes zu berücksich- tigende Kind eines Steuer- pflichtigen. Zusammen zu veran- lagende Eheleute haben je Kind einen Freibetrag von ins- gesamt 2 640 €

Freibeträge bei der Einkommensteuer (Fortsetzung)

Art des Frei-betrages	Fundstelle im EStG	Erläuterung der Vorschriften		Höhe des jährlichen Frei-betrages
		Voraussetzungen der Anwendung und Berechnungsverfahren	Zweck der Vorschrift sowie Anmerkungen	
8 Lohn-steuer-frei-betrag	§ 39a	Auf der Lohnsteuerkarte wird als vom Arbeitslohn abzuziehender Freibetrag die Summe der folgenden Beiträge eingetragen: 1. Werbungskosten aus nichtselbständiger Arbeit, soweit sie den Arbeitnehmer-Pauschbetrag von 1 000 € oder bei Versorgungsbezügen den Pauschbetrag von 102 € übersteigen, 2. Sonderausgaben für Unterhalt an den geschiedenen Ehegatten, für auf Verpflichtungen beruhende Renten und dauernde Lasten, Kirchensteuer, Zinsen auf Steuerschulden, soweit nicht auf Hinterziehung beruhend. Ausbildungskosten sowie Weiterbildungskosten in einem nicht ausgeübten Beruf, soweit sie den Sonderausgaben-Pauschbetrag von 36 € übersteigen, 3. zugestandener Freibetrag wegen außergewöhnlicher Belastung nach §§ 33, 33a und 33b Abs. 6 EStG, 4. Pauschbeträge für Behinderte und Hinterbliebene nach § 33b Abs. 1–5 EStG. 5. a) die Beträge, die nach § 10d Abs. 2, §§ 10e, 10f, 10g, 10h, 10i, § 52b Abs. 21 Sätze 4–7 EStG oder nach § 15b BerlinFG oder nach § 7 Fördergebietsgesetz abgezogen werden können, b) die negative Summe der Einkünfte im Sinne des § 2 Abs. 1 Satz 1 Nr. 1 bis 3, 6 und 7 und der negativen Einkünfte im Sinne des § 2 Abs. 1 Satz 1 Nr. 5 c) das Vierfache der Steuerermäßigung nach § 34f, 6. Die Freibeträge nach § 32 Abs. 6 EStG für jedes Kind, für das kein Anspruch auf Kindergeld besteht. 7. Ein Betrag für ein zweites oder weiteres Dienstverhältnis bis max. zum versteuernden Jahresbetrag nach § 39 Abs. 2 Satz 6, wenn auf der ersten Lohnsteuerkarte ein entsprechender Hinzurechnungsbetrag eingetragen ist. 8. Der Entlastungsbetrag für Alleinerziehende (§ 24b) bei Verwitweten, die nicht in Steuerklasse II gehören. Der Antrag auf Freibetrag beim Lohnsteuerabzug ist unzulässig, wenn die o.g. Aufwendungen Nr. 1–3, soweit sie über den Arbeitnehmer-Pauschbetrag von 1 000 € liegen, insgesamt 600 € nicht übersteigen. Beantragt der Steuerpflichtige höchstens den Vorjahresfreibetrag, so kann das Finanzamt auf nähere Angaben verzichten, wenn er versichert, dass sich die Verhältnisse nicht wesentlich geändert haben.		
9 Pflege-pausch-betrag	§ 33b Abs. 6	Wer im Inland die Pflege einer Person durchführt, die für eine Reihe von häufig und regelmäßig wiederkehrenden Verrichtungen zur Sicherung ihrer persönlichen Existenz im Ablauf eines jeden Tages fremder Hilfe dauernd bedarf, kann anstelle einer Ermäßigung nach § 33 einen Pflegepauschbetrag von 924 € geltend machen, wenn er dafür keine Einnahmen erhält. *Voraussetzung:* Pflege in der Wohnung des Pflegebedürftigen oder des Pflegenden. Teilen sich mehrere Pflegepersonen die Pflege, wird der Pauschbetrag nach der Personenzahl geteilt.	Begünstigung des Pflegenden bei häuslicher Pflege von bestimmten Pflegebedürftigen zur Entlastung der Krankenkassen.	924 €
10 Sparer-pausch-betrag	§ 20 Abs. 4	Der Normalsatz verdoppelt sich bei zusammen veranlagten Ehegatten. Er ist bei niedrigeren Kapitalerträgen eines Ehegatten dem anderen anteilig anzurechnen. Die Werbungskostenpauschale von 51 / 102 € ist ab 2009 entfallen.	Förderung der Spartätigkeit aus gesellschafts- und eigentumspolitischen Gründen.	801 €/ 1 602 €

Art des Frei-betrages	Fundstelle im EStG	Erläuterung der Vorschriften		Höhe des jährlichen Frei-betrages
		Voraussetzungen der Anwendung und Berechnungsverfahren	Zweck der Vorschrift sowie Anmerkungen	
Unterhalts- und Ausbil-dungsfrei-betrag in besonderen Fällen	§ 33a Abs. 1	Dieser Freibetrag wird auf Antrag gewährt für zwangsläufige Aufwen-dungen für Unterhalt und etwaige Berufsausbildung einer nicht zu den Kindern des Steuerpflichtigen gehö-renden Person, für die auch eine andere Person keinen Anspruch auf einen Kinderfreibetrag oder auf Kindergeld hat. Verminderung des Freibetrags um 624 € übersteigende Einkünfte oder Bezüge sowie um die als Aus-bildungshilfe aus öffentlichen Mitteln bezogenen Zuschüsse der unterhalte-nen Person. Der Freibetrag wird zeitanteilig gewährt. Für den Freibetrag gilt Halbteilungs-grundsatz, Abweichung auf Antrag möglich.	Sonderregelung bei im Ausland lebenden unter-haltenen Personen: Höhe richtet sich nach den Ver-hältnissen des Wohnsitz-staates der zwangsläufig unterhaltenen Person (Obergrenze ist der Höchstbetrag nach § 33a). Zwangsläufigkeit beurteilt sich nach inländischen Maßstäben.	Höchstens 8004 €

Ver-sorgungs-freibetrag	§ 19 Abs. 2	Von Versorgungsbezügen bleibt ein nach einem Vomhundertsatz ermittel-ter, auf einen Höchstbetrag begrenzter Betrag (Versorgungsfreibetrag) und ein Zuschlag zum Versorgungsfreibe-trag unbesteuert. Versorgungsbezüge sind:
		
		1. das Ruhegehalt, Witwen- oder Waisengeld u. Ä.
		
		   a) auf Grund beamtenrechtlicher oder entsprechender gesetz-licher Vorschrift,
		
		   b) nach beamtenrechtlichen Grundsätzen von Körperschaf-ten, Anstalten oder Stiftungen des öffentlichen Rechts oder öffentlich-rechtlichen Verbän-den von Körperschaften gewährt;
		
		2. in anderen Fällen um Bezüge, die wegen Erreichung einer Alters-grenze (mindestens Vollendung des 63. Lebensjahres oder, wenn der Steuerpflichtige Schwerbe-hinderter ist, des 60. Lebensjahres), Berufs- oder Erwerbsunfähigkeit oder als Hinterbliebenenbezüge gewährt werden.
			Begünstigungen von Bezügen und Vorteilen aus früheren Dienst-leistungen
			
			Der Prozentsatz, der Höchstbetrag und der Zu-schlag zum Versorgungs-freibetrag gilt für Pensionä-re mit Pensionsbeginn 2012. Er bleibt für diesen Jahrgang lebenslang der-selbe.
				28,8 %, höchstens 2160 €
				
				Zuschlag 648 €

Die Besteuerung der echten Leibrenten (§ 22 EStG) **ab 2005**

Leibrenten und andere Leistungen aus den gesetzlichen Rentenversicherungen, landwirtschaftlichen Alterskassen, berufsständischen Versorgungseinrichtungen und aus Rentenversicherungen i. S. des § 10 Abs. 1 Nr. 2 Buchst. b EStG unterliegen nur zum Teil der Besteuerung.

Der der Besteuerung unterliegende Anteil ist nach dem Jahr des Rentenbeginns und dem in diesem Jahr maßgebenden Vomhundertsatz aus der nachstehenden Tabelle zu entnehmen.

Dieser gilt für die gesamte Laufzeit der Rente.

Jahr des Rentenbeginns	Besteuerungs- anteil in v. H.	Jahr des Rentenbeginns	Besteuerungs- anteil in v. H.
bis 2005	50	ab 2023	83
ab 2006	52	ab 2024	84
ab 2007	54	ab 2025	85
ab 2008	56	ab 2026	86
ab 2009	58	ab 2027	87
ab 2010	60	ab 2028	88
ab 2011	62	ab 2029	89
ab 2012	64	ab 2030	90
ab 2013	66	ab 2031	91
ab 2014	68	ab 2032	92
ab 2015	70	ab 2033	93
ab 2016	72	ab 2034	94
ab 2017	74	ab 2035	95
ab 2018	76	ab 2036	96
ab 2019	78	ab 2037	97
ab 2020	80	ab 2038	98
ab 2021	81	ab 2039	99
ab 2022	82	ab 2040	100

Ertragsanteil aus echten Leibrenten (§ 22 Nr. 1 Satz 3 Buchst. a Doppelbuchst. bb EStG)

Ertrag des Rentenrechts = Jahresrente ./. anteiliger Kapitalwert bei gleichmäßiger Verteilung des Kapitalwertes auf die voraussichtliche Laufzeit					
Bei Beginn der Rente vollendetes Lebensjahr	Ertragsanteil in v. H.	Bei Beginn der Rente vollendetes Lebensjahr	Ertragsanteil in v. H.	Bei Beginn der Rente vollendetes Lebensjahr	Ertragsanteil in v. H.
0 bis 1	59	38	39	64	19
2 bis 3	58	39 bis 40	38	65 bis 66	18
4 bis 5	57	41	37	67	17
6 bis 8	56	42	36	68	16
9 bis 10	55	43 bis 44	35	69 bis 70	15
11 bis 12	54	45	34	71	14
13 bis 14	53	46 bis 47	33	72 bis 73	13
15 bis 16	52	48	32	74	12
17 bis 18	51	49	31	75	11
19 bis 20	50	50	30	76 bis 77	10
21 bis 22	49	51 bis 52	29	78 bis 79	9
23 bis 24	48	53	28	80	8
25 bis 26	47	54	27	81 bis 82	7
27	46	55 bis 56	26	83 bis 84	6
28 bis 29	45	57	25	85 bis 87	5
30 bis 31	44	58	24	88 bis 91	4
32	43	59	23	92 bis 93	3
33 bis 34	42	60 bis 61	22	94 bis 96	2
35	41	62	21	ab 97	1
36 bis 37	40	63	20		

olidaritätszuschlag

Rechtsquelle: Solidaritätszuschlaggesetz 1995 in der Bekanntmachung der Neufassung vom 15. 10. 2002, BGBl I S. 4130

Solidaritäts-zuschlag (§§ 2, 4)	zuschlagspflichtige Bemessungsgrundlage (§ 3)	
	Einkommen- bzw. Körperschaftsteuer	Freigrenzen / Gleitklausel
Zuschlagspflichtiger Personenkreis Unbeschränkt und beschränkt Einkommen- und Körperschaftsteuerpflichtige. *Höhe des Zuschlagsatzes* Der Zuschlag beträgt 5,5 Prozent der in der 2. Spalte aufgeführten Bemessungsgrundlage. *Zeitliche Gültigkeit* Grundsätzlich wurde der Zuschlag auf die Einkommensteuer- bzw. Körperschaftsteuerzahlung seit 1.1.1995 in Höhe von 7,5% erhoben. Ab 1.1.1998 wurde er auf 5,5% abgesenkt. *Grundsätzliches* In allen Fällen gilt: – Bruchteile eines Cents führen weder zu Auf- noch zu Abrundungen. – Bemessungsgrundlage ist die Einkommensteuer, die abweichend von § 2 Abs. 6 EStG unter Berücksichtigung von Kinder- und Betreuungsfreibeträgen in allen Fällen nach § 32 EStG festzusetzen wäre. – Auf Kirchensteuer wird in keinem Fall ein Solidaritätszuschlag erhoben. – Die rückwirkende Änderung der Bemessungsgrundlage führt zu einer Änderung des Zuschlags. – Wegen der unterschiedlichen Steuern nach allgemeiner und besonderer Steuertabelle ist der Anwendung der richtigen Tabelle besondere Aufmerksamkeit zu schenken.	1. Soweit eine Veranlagung vorzunehmen ist: Zuschlagspflichtig ist die festgesetzte Einkommen- oder Körperschaftsteuer, vermindert um die anzurechnende oder zu vergütende Körperschaftsteuer, soweit ein positiver Betrag verbleibt.	Freigrenzen: Der Zuschlag wird von einkommensteuerpflichtigen Personen nur erhoben, wenn die Bemessungsgrundlage die folgenden Beträge überschreitet: a) bei Anwendung der Splittingtabelle in den Fällen die §§ 32a Abs. 5 oder 6 EStG 1944 € b) in allen anderen Fällen 972 €
	2. Soweit Vorauszahlungen zu leisten sind: Zuschlagspflichtig sind die für Veranlagungszeiträume zu leistenden Einkommen- bzw. Körperschaftsteuervorauszahlungen.	

	3. Soweit Lohnsteuer zu erheben oder ein Lohnsteuerjahresausgleich durchzuführen ist, richtet sich der Bemessungsgrundlage nach § 51a Abs. 2a EStG, nach dem Kinder- und Betreuungsfreibeträge zu berücksichtigen sind.	Freigrenzen bei laufendem Arbeitslohn:
		
		a) bei monatlicher Lohnzahlung:
		   – in Steuerklasse III 162,00 €
		   – in Steuerklasse I, II, IV bis VI 81,00 €
		
		b) bei wöchentlicher Lohnzahlung:
		   – in Steuerklasse III 37,80 €
		   – in Steuerklasse I, II, IV bis VI 18,90 €
		
		c) bei täglicher Lohnzahlung:
		   – in Steuerklasse III 5,40 €
		   – in Steuerklasse I, II, IV bis VI 2,70 €

	4. Soweit Kapitalertrag- oder Zinsabschlagsteuer zu erheben ist: Zuschlagspflichtig ist die ab dem 1. Januar 1998 zu erhebende Kapitalertragsteuer oder der ab diesem Zeitpunkt zu erhebende Zinsabschlag. Soweit die Kapitalerträge ausländischen Muttergesellschaften im Sinne des § 43b EStG zufließen, wird kein Zuschlag erhoben.	Gleitklausel (§ 4 Satz 2): Der Zuschlag beträgt in allen Fällen nicht mehr als 20 % des Unterschiedsbetrags zwischen der Bemessungsgrundlage und der in dieser Spalte genannten maßgebenden Freigrenze. *Beispiel:* 1. Die Bemessungsgrundlage soll 2 444 € betragen. 2. Der Solidaritätszuschlag beträgt grundsätzlich 5,5 % von 2 444,00 € = 134,42 €. 3. Die Freigrenze soll 1 944,00 € betragen. 4. Der Unterschiedsbetrag zwischen der Bemessungsgrundlage und der Freigrenze beträgt somit 500,00 €. 5. 20 % des Unterschiedsbetrages sind dann 100 €. 6. Da maximal 20 % des Unterschiedsbetrages anzusetzen sind, beträgt der Solidaritätszuschlag auf Grund der Gleitklausel statt der regulären 5,5 % (= 134,42 €) nur 100 €.
	5. Soweit bei beschränkt Steuerpflichtigen ein Steuerabzugsbetrag nach § 50a EStG zu erheben ist: Zuschlagspflichtig ist der ab dem 1. Januar 1998 zu erhebende Steuerabzugsbetrag.	

37

Überblick über die Lohnsteuer

Rechtsquelle: Einkommensteuergesetz mit lfd. Änderungen,
LStDV 1990, LStR 2011

Steuergegenstand	Hinweise auf steuerfreie Einkünfte	Steuertarif
Einkünfte aus unselbständiger Arbeit: 1. Gehälter, Löhne, Provisionen, Gratifikationen, Tantiemen, soweit von inländischen Arbeitgebern bezogen. Das gilt auch für Arbeitslohn, der üblicherweise von einem Dritten gezahlt wird; 2. Warte-, Ruhe-, Witwen- und Waisengelder aus Dienstverhältnissen oder früheren Dienstverhältnissen. Zu den Einkünften aus unselbständiger Arbeit rechnen auch Sachbezüge und geldwerte Vorteile.	*Notstandsbeihilfen:* Bis 600 € im Kalenderjahr (§ 3 Nr. 11 EStG, R 11 LStR) *Heirats- und Geburtsbeihilfen:* Steuerfreiheit ab 2006 gestrichen *Trinkgelder:* in voller Höhe frei, soweit kein Rechtsanspruch besteht *Belegschaftsrabatte:* bis 1 080 €; zusätzlich wird der Endpreis am Abgabeort um 4 % gemindert. *Abfindungen wegen vom Arbeitgeber oder Gericht veranlasster Auflösung eines Dienstverhältnisses:* Steuerfreiheit ab 2006 gestrichen, Übergangsregelungen nur wirksam bis 31. 12. 2007 (§ 52 Abs. 4a EStG) *Werkzeuggeld:* in angemessener Höhe *Überlassung typischer Berufskleidung bzw. Barablösung dafür:* in angemessener Höhe *Notwendige verbilligte oder unentgeltliche Sammelbeförderung von Arbeitnehmern zwischen Wohnung und Arbeitsstätte mit sämtlichen Beförderungsmitteln (Pkw, Bus, auch Flugzeug u. ä.).*	Maßgeblich sind die Lohnsteuertabellen mit sechs Steuerklassen (siehe Tabelle „Zugehörigkeit zu den Lohnsteuerklassen"). In die Lohnsteuertabelle sind eingearbeitet: 1. Der Arbeitnehmer-Pauschbetrag für die Steuerklassen I bis V von 1 000 € 2. der Sonderausgaben-Pauschbetrag für die Steuerklassen I, II, IV von 36 € für die Steuerklasse III von 72 € 3. die Vorsorgepauschale [1] 4. der Freibetrag für die Steuerklasse II (nähere Angaben siehe Tabelle „Freibeträge bei der ESt") *Begünstigung für sonstige Bezüge:* – dreizehnte und vierzehnte Monatsgehälter – einmalige Abfindungen und Entschädigungen – Tantiemen außerhalb des laufenden Arbeitslohnes – Urlaubsabfindungen und Urlaubsgeld, das nicht fortlaufend gezahlt wird – Lohn- und Gehaltsnachzahlungen für frühere Kalenderjahre – Jubiläumszuwendungen und Vergütungen für mehrjährige Tätigkeiten – Weihnachtszuwendungen – Abfindungen für ausscheidende Arbeitnehmer – Wirtschafts-, Überbrückungs-, Erholungsbeihilfen soweit nicht steuerfrei – Sachzuwendungen bei Betriebsveranstaltungen Die Steuer für sonstige Bezüge bestimmt sich aus dem Unterschiedsbetrag, der sich bei Anwendung der Jahreslohnsteuertabelle auf den voraussichtlichen Jahresarbeitslohn (Bemessungsgrundlage) einschließlich und ausschließlich der sonstigen Bezüge ergibt. Steuerpflichtige Abfindungen und Entschädigungen sowie Vergütungen für mehrjährige Tätigkeiten werden gefünftelt, die hierauf entfallende Einkommensteuer wird verfünffacht.

[1] Besondere Lohnsteuertabellen für Personenkreis mit geringeren eigenen Vorsorgeaufwendungen (Beamte u. a.) beachten!

Steuer-klasse I	Steuer-klasse II	Steuerklasse III	Steuer-klasse IV	Steuer-klasse V	Steuer-klasse VI
a) Ledige, b) Ver-heiratete, Ver-witwete oder Geschie-dene, soweit die Voraus-setzun-gen für Steuer-klasse III oder IV nicht er-füllt sind.	Die in Steuer-klasse I bezeichne-ten Arbeit-nehmer, wenn bei ihnen ein Freibetrag für Alleiner-ziehende nach § 24 b EStG zu berück-sichtigen ist.	a) Verheiratete, die beide un-beschränkt steuerpflichtig[1] sind und nicht dauernd getrennt leben und – der Ehegatte des Arbeit-nehmers keinen Arbeitslohn bezieht oder – der Ehegatte des Arbeit-nehmers auf Antrag beider Ehegatten in die Steuer-klasse V eingereiht wird. b) verwitwete Arbeitnehmer, wenn sie und ihr verstorbener Ehe-gatte bei seinem Tode un-beschränkt steuerpflichtig waren und nicht dauernd getrennt lebten, für das dem Tode folgende Kalenderjahr. c) Steuerpflichtige, deren Ehe aufgelöst worden ist, – wenn im Kalenderjahr der Auflösung beide Ehegatten unbeschränkt steuerpflichtig waren und nicht dauernd getrennt lebten und – der andere Ehegatte wieder geheiratet hat, vom neuen Ehegatten nicht dauernd getrennt lebt und er und sein neuer Ehegatte unbeschränkt einkommensteuerpflichtig sind für das Kalenderjahr, in dem die Ehe aufgelöst wurde.	Ver-heiratete, wenn beide Ehegatten un-beschränkt steuer-pflichtig[1] sind und nicht dauernd getrennt leben und der Ehe-gatte des Arbeit-nehmers ebenfalls Arbeitslohn bezieht.	Die in Steuer-klasse IV genannten Arbeit-nehmer, wenn der Ehegatte des Arbeit-nehmers auf Antrag beider Ehe-gatten in die Steuer-klasse III eingereiht wird.	Arbeit-nehmer, die neben-einander von mehre-ren Arbeit-gebern Arbeitslohn beziehen, für die Ein-behaltung der Lohn-steuer vom Arbeitslohn aus dem zweiten und weite-ren Dienst-verhältnis.
			Für die Eintragung der Steuerklasse in die Steuerkarte sind die Verhältnisse zu Beginn des Kalenderjahres maßgebend, für das die Lohnsteuerkarte gilt. Das gilt auch für Eintragung des Familienstandes und der Zahl der Kinder, die das 18. Lebensjahr noch nicht vollendet haben bzw. mit über 18 Jahren zu berücksich-tigen sind. Bei Änderung der Verhältnisse zuungunsten des Arbeitnehmers ist dieser verpflichtet, die Eintragung umgehend ändern zu lassen. Für die Berücksich-tigung der Kinder ist die Eintragung der Zahl der ermittelten Freibeträge maß-gebend.		
		[1] Als unbeschränkt einkommensteuerpflichtig gelten nur Personen, die die Voraussetzungen des § 1 Abs. 1 oder 2 oder des § 1 a erfüllen.			

Steuerklassenwahl für Ehegatten, die beide Arbeitslohn beziehen

Steuerklassenwahl	Für die Ermittlung der Lohnsteuer sind zwei Tabellen zur Steuerklassenwahl aufgestellt worden. Die Tabelle I ist zu benutzen, wenn der höher verdienende Ehegatte in allen Zweigen sozialversichert ist; die Tabelle II ist zu benutzen, wenn der höher verdienende Ehegatte in keinem Zweig sozialversichert ist und keinen Zuschuss des Arbeitgebers zur Kranken- und Pflegeversicherung erhält.
	Beide Tabellen gehen vom monatlichen Arbeitslohn A[1)] des höher verdienenden Ehegatten aus. Dazu wird jeweils der monatliche Arbeitslohn B[1)] des geringer verdienenden Ehegatten angegeben, der bei einer Steuerklassenkombination III (für den höher verdienenden Ehegatten) und V (für den geringer verdienenden Ehegatten) nicht überschritten werden darf, wenn der geringste Lohnsteuerabzug erreicht werden soll. Die Spalten 2 und 5 sind maßgebend, wenn der geringer verdienende Ehegatte in allen Zweigen sozialversichert ist; ist der geringer verdienende Ehegatte in keinem Zweig sozialversichert und hat keinen Zuschuss des Arbeitgebers zur Kranken- und Pflegeversicherung erhalten, sind die Spalten 3 und 6 maßgebend. Übersteigt der monatliche Arbeitslohn des geringer verdienenden Ehegatten den nach den Spalten 2, 3 oder 5 und 6 der Tabellen in Betracht kommenden Betrag, so führt die Steuerklassenkombination IV/IV für die Ehegatten zu einem geringeren oder zumindest nicht höheren Lohnsteuerabzug als die Steuerklassenkombination III/V.
Faktorverfahren	Anstelle der Steuerklassenkombination III/V können Arbeitnehmer-Ehegatten seit 2010 auch die Steuerklassenkombination IV/IV mit Faktor wählen. Durch Anwendung der Steuerklasse IV wird erreicht, dass bei jedem Ehegatten die steuerentlastenden Beträge (insbesondere der Grundfreibetrag) beim eigenen Lohnsteuerabzug berücksichtigt werden. Mit dem Faktorverfahren wird außerdem die steuermindernde Wirkung des Splittingverfahrens einbezogen. Der Antrag kann beim Finanzamt formlos durch Vorlage der jeweiligen ersten Lohnsteuerkarte oder in Verbindung mit einem Antrag auf einen Freibetrag gestellt werden. Dabei sind für das Kalenderjahr die voraussichtlichen Arbeitslöhne aus den ersten Dienstverhältnissen anzugeben. Das Finanzamt berechnet daraus einen Faktor mit drei Nachkommastellen ohne Rundung und trägt ihn jeweils zur Steuerklasse IV ein, sofern dieser kleiner als 1 ist.
	Der Faktor Y/X ergibt sich aus der voraussichtlichen Einkommensteuer (Y) geteilt durch die Summe der Lohnsteuer für die Arbeitnehmer-Ehegatten gemäß Steuerklasse IV (X). Freibeträge werden bereits bei der Berechnung der voraussichtlichen Einkommensteuer berücksichtigt und nicht zusätzlich auf der Lohnsteuerkarte eingetragen.
	Die Arbeitgeber ermitteln die monatliche Lohnsteuer nach Steuerklasse IV und mindern sie durch Multiplikation mit dem auf der Lohnsteuerkarte eingetragenen Faktor.
	Beispiel zur Ermittlung des Faktors
	Jährliche Lohnsteuer bei Steuerklassenkombination IV/IV:
	Arbeitnehmer-Ehegatte A: für monatlich 3000 € (12 x 470,75 € =) 5649,00 €
	Arbeitnehmer-Ehegatte B: für monatlich 1700 € (12 x 148,83 € =) 1785,96 €
	Lohnsteuersumme bei Steuerklassenkombination IV/IV (entspricht X): 7434,96 €.
	Voraussichtliche Einkommensteuer im Splittingverfahren (entspricht Y): 7224,00 €.
	Der Faktor Y/X = 7224,00 €/7434,96 € beträgt 0,971.
	Jährliche Lohnsteuer bei Steuerklassenkombination IV/IV mit Faktor:
	Arbeitnehmer-Ehegatte A: für monatlich 3000 € (12 x 470,75 € x 0,971 =) 5485,08 €
	Arbeitnehmer-Ehegatte B: für monatlich 1700 € (12 x 148,84 € x 0,971 =) 1734,12 €
	Lohnsteuersumme bei Steuerklassenkombination IV/IV mit Faktor: 7219,20 €.
	Die Lohnsteuer ist im Faktorverfahren anders verteilt (5485,08 € für A und 1734,12 € für B) als bei der Steuerklassenkombination III/V (2838,00 € für A und 4170,00 € für B) und führt zu einer gerechteren Verteilung der Steuerlast im Innenverhältnis der Ehegatten.
	Die Arbeitnehmer-Ehegatten sind aber auch bei der Wahl des Faktorverfahrens verpflichtet, eine Einkommensteuererklärung beim Finanzamt einzureichen. Im Beispielfall führt die Einkommensteuerveranlagung
	– bei der Steuerklassenkombination III/V zu einer Nachzahlung von 216,00 €,
	– bei der Steuerklassenkombination IV/IV zu einer Erstattung in Höhe von 210,96 €,
	– bei der Steuerklassenkombination IV/IV-Faktor zu einer Rundungsdifferenz von 4,80 €.

Tabelle I: bei Sozialversicherungspflicht des höher verdienenden Ehegatten

Monatlicher Arbeitslohn A[1]	Monatlicher Arbeitslohn B[1] in € bei		Monatlicher Arbeitslohn A[1]	Monatlicher Arbeitslohn B[1] in € bei	
€	Sozialversicherungspflicht des geringer verdienenden Ehegatten	Sozialversicherungsfreiheit des geringer verdienenden Ehegatten	€	Sozialversicherungspflicht des geringer verdienenden Ehegatten	Sozialversicherungsfreiheit des geringer verdienenden Ehegatten
1 250	526	498	3 300	2 360	2 199
1 300	601	568	3 350	2 397	2 229
1 350	685	648	3 400	2 433	2 261
1 400	778	736	3 450	2 468	2 291
1 450	875	828	3 500	2 505	2 322
1 500	1 093	1 035	3 550	2 538	2 351
1 550	1 151	1 090	3 600	2 575	2 384
1 600	1 213	1 148	3 650	2 611	2 414
1 650	1 279	1 210	3 700	2 647	2 445
1 700	1 345	1 276	3 750	2 680	2 474
1 750	1 382	1 317	3 800	2 717	2 507
1 800	1 414	1 348	3 850	2 757	2 542
1 850	1 444	1 376	3 900	2 800	2 578
1 900	1 472	1 403	3 950	2 844	2 616
1 950	1 501	1 430	4 000	2 890	2 656
2 000	1 527	1 456	4 050	2 937	2 696
2 050	1 568	1 495	4 100	2 907	2 739
2 100	1 608	1 533	4 150	3 038	2 783
2 150	1 640	1 564	4 200	3 092	2 830
2 200	1 671	1 593	4 250	3 146	2 877
2 250	1 705	1 623	4 300	3 206	2 929
2 300	1 736	1 653	4 350	3 264	2 980
2 350	1 769	1 684	4 400	3 326	3 033
2 400	1 800	1 715	4 450	3 394	3 091
2 450	1 836	1 746	4 500	3 460	3 149
2 500	1 868	1 772	4 550	3 535	3 212
2 550	1 896	1 796	4 600	3 614	3 283
2 600	1 923	1 820	4 650	3 693	3 350
2 650	1 947	1 843	4 700	3 783	3 428
2 700	1 971	1 862	4 750	3 873	3 509
2 750	1 992	1 879	4 800	3 967	3 600
2 800	2 013	1 898	4 850	4 070	3 698
2 850	2 046	1 925	4 900	4 188	3 809
2 900	2 078	1 954	4 950	4 323	3 938
2 950	2 115	1 986	5 000	4 496	4 106
3 000	2 150	2 017	5 050	4 759	4 355
3 050	2 185	2 046	5 100	–	–
3 100	2 219	2 077	5 150	–	–
3 150	2 255	2 108	5 200	–	–
3 200	2 292	2 139	5 250	–	–
3 250	2 326	2 169	5 300	–	–

nach Abzug etwaiger Freibeträge

Steuerklassenwahl für Ehegatten, die beide Arbeitslohn beziehen (Fortsetzung)

Tabelle II: bei Sozialversicherungsfreiheit des höher verdienenden Ehegatten

Monatlicher Arbeitslohn A[1] €	Monatlicher Arbeitslohn B[1] in € bei		Monatlicher Arbeitslohn A[1] €	Monatlicher Arbeitslohn B[1] in € bei	
	Sozialversicherungspflicht des geringer verdienenden Ehegatten	Sozialversicherungsfreiheit des geringer verdienenden Ehegatten		Sozialversicherungspflicht des geringer verdienenden Ehegatten	Sozialversicherungsfreiheit des geringer verdienenden Ehegatten
1 250	632	598	3 300	2 834	2 608
1 300	715	677	3 350	2 880	2 647
1 350	809	766	3 400	2 927	2 688
1 400	1 059	1 002	3 450	2 976	2 730
1 450	1 117	1 058	3 500	3 027	2 774
1 500	1 180	1 117	3 550	3 079	2 819
1 550	1 247	1 180	3 600	3 134	2 867
1 600	1 318	1 248	3 650	3 190	2 915
1 650	1 363	1 296	3 700	3 250	2 967
1 700	1 397	1 332	3 750	3 312	3 021
1 750	1 433	1 365	3 800	3 377	3 077
1 800	1 470	1 400	3 850	3 447	3 136
1 850	1 507	1 435	3 900	3 520	3 200
1 900	1 549	1 477	3 950	3 597	3 266
1 950	1 604	1 529	4 000	3 677	3 336
2 000	1 663	1 586	4 050	3 766	3 412
2 050	1 727	1 645	4 100	3 857	3 495
2 100	1 793	1 706	4 150	3 952	3 584
2 150	1 854	1 761	4 200	4 054	3 683
2 200	1 916	1 813	4 250	4 173	3 795
2 250	1 972	1 863	4 300	–	3 924
2 300	2 027	1 909	4 350	–	4 085
2 350	2 077	1 953	4 400	–	4 319
2 400	2 125	1 995	4 450	–	–
2 450	2 169	2 034	4 500	–	–
2 500	2 214	2 071	4 550	–	–
2 550	2 252	2 104	4 600	–	–
2 600	2 289	2 136	4 650	–	–
2 650	2 326	2 168	4 700	–	–
2 700	2 363	2 200	4 750	–	–
2 750	2 401	2 232	4 800	–	–
2 800	2 439	2 266	4 850	–	–
2 850	2 477	2 298	4 900	–	–
2 900	2 516	2 332	4 950	–	–
2 950	2 552	2 364	5 000	–	–
3 000	2 592	2 399	5 050	–	–
3 050	2 629	2 431	5 100	–	–
3 100	2 667	2 463	5 150	–	–
3 150	2 708	2 498	5 200	–	–
3 200	2 748	2 533	5 250	–	–
3 250	2 790	2 570	5 300	–	–

[1] nach Abzug etwaiger Freibeträge

Steuerfreiheit von Zuschlägen für Sonntags-, Feiertags- und Nachtarbeit nach § 3 b EStG

Ausgangsbasis für die Berechnung der Zuschläge ist der Grundlohn (= laufender Arbeitslohn), der dem Arbeitnehmer bei der für ihn maßgebenden regelmäßigen Arbeitszeit für den jeweiligen Lohnzahlungszeitraum zusteht.

Art der Zuschläge	Voraussetzungen für die Zahlung der Zuschläge	Höhe des steuerfreien Zuschlages
Sonntagszuschläge	Sonntagsarbeit ist die Arbeit in der Zeit von 0 Uhr bis 24 Uhr des jeweiligen Sonntages. Als Sonntagsarbeit gilt auch die Arbeit in der Zeit von 0 Uhr bis 4 Uhr des auf den Sonntag folgenden Tages, wenn die Nachtarbeit vor 0 Uhr aufgenommen wird.	bis zu 50 % des Grundlohns
Feiertagszuschläge für die Arbeit am 31. Dezember ab 14 Uhr und für gesetzliche Feiertage (außer dem 1. Mai, dem 24. Dezember ab 14 Uhr, dem 25. und 26. Dezember)	Feiertagsarbeit ist die Arbeit in der Zeit von 0 Uhr bis 24 Uhr des jeweiligen Feiertages. Die gesetzlichen Feiertage werden durch die am Ort der Arbeitsstätte geltenden Vorschriften bestimmt. Als Feiertagsarbeit gilt auch die Zeit von 0 Uhr bis 4 Uhr des auf den Feiertag folgenden Tages, wenn die Nachtarbeit vor 0 Uhr aufgenommen wird.	bis zu 125 % des Grundlohns
Feiertagszuschläge für die Arbeit am 1. Mai, am 24. Dezember ab 14 Uhr und am 25. und 26. Dezember	Wie oben.	bis zu 150 % des Grundlohns
Nachtarbeitszuschläge	Nachtarbeit ist die Arbeit in der Zeit von 20 Uhr bis 6 Uhr.	bis zu 25 % des Grundlohns
	Wenn die Nachtarbeit vor 0 Uhr aufgenommen wird, so erhöht sich der steuerfreie Zuschlag für Arbeiten zwischen 0 Uhr und 4 Uhr.	auf 40 % des Grundlohns
	Werden neben Nachtarbeitszuschlägen auch **tariflich** vereinbarte Nachtschichtzuschläge gezahlt, so sind sie zusammen mit den Nachtarbeitszuschlägen bis zu 25 % des Grundlohnes steuerfrei. Sogenannte Wechselschichtzuschläge sind steuerpflichtiger Arbeitslohn.	
	Grundlohn ist der laufende Arbeitslohn, der dem Arbeitnehmer bei der für ihn maßgebenden regelmäßigen Arbeitszeit für den jeweiligen Lohnzahlungszeitraum zusteht; er ist in einen Stundenlohn umzurechnen und mit höchstens 50 € anzusetzen; Sozialversicherungspflicht aber bereits ab einem Stundenlohn von 25 €.	

Werbungskosten

Begriff	Betroffene Einkunftsarten	Pauschbeträge (anzuwenden, wenn höhere Beträge nicht nachgewiesen werden)	Beispiele
Werbungskosten sind Aufwendungen zur Erwerbung, Sicherung und Erhaltung der Einnahmen. Sie sind abzugsfähig bei der Einkunftsart, bei der sie erwachsen sind (§ 9 EStG).	Werbungskosten entstehen bei: 1. Einkünften aus nichtselbständiger Arbeit, 2. Einkünften aus Kapitalvermögen, 3. Einkünften aus Vermietung und Verpachtung, 4. sonstigen Einkünften (Einkünften aus wiederkehrenden Bezügen). Bei Einkünften aus Land- und Forstwirtschaft, Gewerbebetrieb und selbständiger Arbeit gibt es keine Werbungskosten, sondern Betriebsausgaben.	1. 1 000 € bei Einnahmen aus nichtselbständiger Arbeit (sog. Arbeitnehmerpauschbetrag), 2. 102 € bei Einnahmen aus nichtselbständiger Arbeit, soweit es sich um Versorgungsbezüge i. S. d. § 19 Abs. 2 EStG handelt, 3. 102 € bei wiederkehrenden Bezügen, Unterhaltsleistungen und Leistungen aus Altersvorsorgeverträgen. Im Falle 2 nur abzugsfähig bis zur Höhe der um den Versorgungsfreibetrag einschließlich des Zuschlags zum Versorgungsfreibetrag (§ 19 Abs. 2 EStG) geminderten Einnahmen, in den Fällen 1, 3 und 4 bis zur Höhe der Einnahmen (§ 9a EStG).	1. Schuldzinsen (auch für nicht hinterzogene Steuern) und auf besonderen Verpflichtungsgründen beruhenden Renten und dauernde Lasten, soweit sie mit der betreffenden Einkunftsart in Beziehung stehen; 2. Steuern von Grundbesitz sowie sonstige öffentliche Abgaben und Versicherungsbeiträge, soweit sich die Ausgaben auf Gegenstände beziehen, die der Einnahmenerzielung dienen; 3. Beiträge zu Berufsverbänden u. Ä.; 4. notwendige Mehraufwendungen, die einem Arbeitnehmer wegen einer beruflich begründeten doppelten Haushaltsführung entstehen; 5. Aufwendungen für Arbeitsmittel, z. B. für Werkzeuge und typische Berufskleidung; 6. Absetzungen für Abnutzung und für Substanzverringerung für Wirtschaftsgüter, deren Nutzung sich erfahrungsgemäß auf länger als ein Jahr erstreckt (besonders wichtig bei Einkünften aus Vermietung und Verpachtung); 7. beruflich verursachte Strafverteidigungskosten. 8. Aufwendungen für Fahrten zwischen Wohnung und Arbeitsstätte sind keine Werbungskosten (streitig); der Abzug einer Pauschale ist aber wie Werbungskosten möglich.

Folgende *Werbungskosten-Ersatzleistungen* des Arbeitgebers unterliegen dem Lohnsteuerabzug:
1. Für Fahrten zwischen Wohnung und Arbeitsstätte, sofern nicht vom Arbeitgeber mit 15 % pauschalversteuert, der Fahrtkostenersatz, sowie die Fahrzeuggestellung durch den Arbeitgeber,
2. Verpflegungskostenzuschüsse bei längerer berufsbedingter Abwesenheit von der Wohnung,
3. Ersatz von Kontoführungsgebühren und
4. pauschale Fehlgeldentschädigungen an Arbeitnehmer im Kassen- und Zähldienst, soweit sie 16 € monatlich übersteigen.

Pauschbeträge für Kraftfahrzeugbenutzung bei Auswärtstätigkeiten

Bei Benutzung von privaten Kraftfahrzeugen für Auswärtstätigkeiten können folgende Pauschbeträge als Werbungskosten geltend gemacht werden:

Verkehrsmittel	Pauschbetrag je Fahrt-km		
	bis 31. 12. 2000	bis 31. 12. 2001	ab 1. 1. 2002
Kraftwagen	0,52 DM	0,58 DM	0,30 €
Motorrad und Motorroller	0,23 DM	0,25 DM	0,13 €
Fahrrad mit Motor	0,14 DM	0,15 DM	0,08 €
Fahrrad	0,07 DM	0,07 DM	0,05 €

Rechtsquelle: H 9.5 LStH „Pauschale Kilometersätze"; BMF-Schreiben vom 20. 8. 2001

Pauschbeträge bei ein- und mehrtägigen Auswärtstätigkeiten

Dauer der Auswärtstätigkeit	Pauschbeträge	Bemerkungen
Verpflegungsmehraufwendungen bei ununterbrochener Abwesenheit		
von 24 Stunden	24 €	
von mindestens 14 Stunden	12 €	Abzüge bei Gewährung einzelner Mahlzeiten richten sich nach dem Sachbezugswert.
von mindestens 8 Stunden	6 €	
Fahrt- und Nebenkosten		Fahrt und Nebenkosten werden gemäß Nachweis besonders vergütet.
Übernachtungskosten	Abzug von Pauschbeträgen nicht möglich, jedoch kann einem Arbeitnehmer bei Dienstreisen ein Pauschbetrag von 20 € steuerfrei ersetzt werden.	Bei Geschäftsreisen und bei Dienstreisen tatsächliche Höhe. Im Zahlungsbeleg enthaltene Verpflegungskosten sind pauschal – um 20 % für das Frühstück und – um je 40 % für das Mittag- und Abendessen zu kürzen, wenn die Kosten nicht gesondert ausgewiesen worden sind. *Fundstelle:* § 4 Abs. 5 Nr. 5 EStG, R + H 9.6, 9.7 LStR

Pauschbeträge für Verpflegungsmehraufwendungen und Übernachtungskosten bei Auslandsreisen (gültig ab 1. Januar 2012)

Land	Pauschbeträge für Verpflegungsmehraufwendungen bei einer Abwesenheitsdauer von			Pauschbetrag für Übernachtungskosten[1]
	mindestens 24 Stunden	weniger als 24 Stunden, aber mindestens 14 Stunden	weniger als 14 Stunden, aber mindestens 8 Stunden	
	€	€	€	€
Afghanistan	30	20	10	95
Ägypten	30	20	10	50
Äthiopien	30	20	10	175
Albanien	23	16	8	110
Algerien	39	26	13	190
Andorra	32	21	11	82
Angola	71	48	24	190
Antigua und Barbuda	42	28	14	85
Argentinien	36	24	12	125
Armenien	24	16	8	90
Aserbaidschan	40	27	14	120
Australien	42	28	14	100
– Melbourne –	42	28	14	105
– Sydney –	42	28	14	115
Bahrain	36	24	12	70
Bangladesch	30	20	10	75
Barbados	42	28	14	110
Belgien	42	28	14	100
Benin	41	28	14	90
Bolivien	24	16	8	70
Bosnien-Herzegowina	24	16	8	70
Botsuana	33	22	11	105
Brasilien	54	36	18	110
– Brasilia –	53	36	18	160
– Rio de Janeiro –	47	32	16	145
– Sao Paulo –	53	36	18	120
Brunei	36	24	12	85
Bulgarien	22	15	8	72
Burkina Faso	36	24	12	100
Burundi	35	24	12	75
Chile	38	25	13	80
China	33	22	11	80
– Chengdu –	32	21	11	85
– Hongkong –	62	41	21	170
– Peking –	39	26	13	115
– Shanghai –	42	28	14	140
Costa Rica	32	21	11	60
Côte d'Ivoire	54	36	18	145
Dänemark	60	40	20	150
Dominica	36	24	12	80
Dominikanische Republik	30	20	10	100
Dschibuti	48	32	16	160
Equador	39	26	13	55
El Salvador	36	24	12	65
Eritrea	30	20	10	110
Estland	27	18	9	85

[1] Der Pauschbetrag für Übernachtungskosten gilt seit VZ 2008 nur noch im Fall der Arbeitgebererstattung, jedoch nicht mehr beim Werbungskostenabzug.

Pauschbeträge für Verpflegungsmehraufwendungen und Übernachtungskosten bei Auslandsreisen (Fortsetzung)

Land	Pauschbeträge für Verpflegungsmehraufwendungen bei einer Abwesenheitsdauer von			Pauschbetrag für Übernachtungskosten[1)
	mindestens 24 Stunden €	weniger als 24 Stunden, aber mindestens 14 Stunden €	weniger als 14 Stunden, aber mindestens 8 Stunden €	€
Fidschi	32	21	11	57
Finnland	45	30	15	150
Frankreich	39	26	13	100
– Paris – [2)]	48	32	16	100
– Straßburg –	39	26	13	75
Gabun	60	40	20	135
Gambia	18	12	6	70
Georgien	30	20	10	140
Ghana	38	25	13	130
Grenada	36	24	12	105
Griechenland	36	24	12	120
– Athen –	57	38	19	125
Guatemala	33	22	11	90
Guinea	38	25	13	110
Guinea-Bissau	30	20	10	60
Guyana	36	24	12	90
Haiti	48	32	16	105
Honduras	35	24	12	115
Indien	30	20	10	120
Chonnai	30	20	10	135
– Mumbai –	35	24	12	150
– Kalkutta –	33	22	11	120
– Neu Delhi –	35	24	12	130
Indonesien	39	26	13	110
Iran	30	20	10	120
Irland	42	28	14	130
Island	77	52	26	165
Israel	59	40	20	175
Italien	36	24	12	100
– Mailand –	36	24	12	140
– Rom –	36	24	12	108
Jamaika	48	32	16	110
Japan	51	34	17	90
– Tokio –	51	34	17	130
Jemen	24	16	18	95
Jordanien	36	24	12	85
Kambodscha	36	24	12	85
Kamerun	41	28	14	90
– Jaunde –	41	28	14	115
Kanada	36	24	12	100
– Ottawa –	36	24	12	105
– Toronto –	41	28	14	135
– Vancouver –	36	24	12	125
Kap Verde	30	20	10	55
Kasachstan	30	20	10	100
Katar	45	30	15	100
Kenia	36	24	12	120
Kirgisistan	18	12	6	70
Kolumbien	24	16	8	55
Kongo, Republik	57	38	19	113
Kongo, Demokratische Republik	60	40	20	155

[2)] einschl. der Departements Haute-Seine, Seine-Saint Denis und Val-de-Marne

Pauschbeträge für Verpflegungsmehraufwendungen und Übernachtungskosten bei Auslandsreisen (Fortsetzung)

Land	Pauschbeträge für Verpflegungsmehraufwendungen bei einer Abwesenheitsdauer von			Pauschbetrag für Übernachtungskosten[1]
	mindestens 24 Stunden	weniger als 24 Stunden, aber mindestens 14 Stunden	weniger als 14 Stunden, aber mindestens 8 Stunden	
	€	€	€	€
Korea, Demokratische Volksrepublik	42	28	14	90
Korea, Republik	66	44	22	180
Kosovo	26	17	9	65
Kroatien	29	20	10	57
Kuba	48	32	16	80
Kuwait	42	28	14	130
Laos	27	18	9	65
Lesotho	24	16	8	70
Lettland	18	12	6	80
Libanon	40	27	14	80
Libyen	45	30	15	100
Liechtenstein	47	32	16	82
Litauen	27	18	9	100
Luxemburg	39	26	13	87
Madagaskar	35	24	12	120
Malawi	39	26	13	110
Malaysia	36	24	12	100
Malediven	38	25	13	93
Mali	40	27	14	125
Malta	30	20	10	90
Marokko	42	28	14	105
Mauretanien	36	24	12	85
Mauritius	48	32	16	140
Mazedonien	24	16	8	95
Mexiko	36	24	12	110
Moldau, Republik	18	12	6	100
Monaco	41	28	14	52
Mongolei	30	20	10	80
Montenegro	29	20	10	95
Mosambik	30	20	10	80
Myanmar	46	31	16	45
Namibia	29	20	10	85
Nepal	32	21	11	72
Neuseeland	36	24	12	95
Nicaragua	30	20	10	100
Niederlande	60	40	20	115
Niger	36	24	12	70
Nigeria	60	40	20	220
Norwegen	72	48	24	170
Österreich	36	24	12	70
– Wien –	36	24	12	93
Oman	48	32	16	120
Pakistan	24	16	8	70
– Islamabad –	24	16	8	150
Panama	45	30	15	110
Papua-Neuguinea	36	24	12	90
Paraguay	24	16	8	50
Peru	38	25	13	140
Philippinen	30	20	10	90
Polen	24	16	8	70
– Warschau, Krakau –	30	20	10	90

| Land | Pauschbeträge für Verpflegungsmehraufwendungen bei einer Abwesenheitsdauer von | | | Pauschbetrag für Übernach-tungskosten[1] |
| | mindestens 24 Stunden | weniger als 24 Stunden, aber mindestens 14 Stunden | weniger als 14 Stunden, aber mindestens 8 Stunden | |
	€	€	€	€
Portugal	33	22	11	95
– Lissabon –	36	24	12	95
Ruanda	36	24	12	135
Rumänien	27	18	9	80
– Bukarest –	26	17	9	100
Russische Föderation	36	24	12	80
– Moskau (Gästewohnungen der Deutschen Botschaft)	33	22	11	0[3]
– Moskau –	48	32	16	135
– St. Petersburg –	36	24	12	110
Sambia	36	24	12	95
Samoa	29	20	10	57
San Marino	41	28	14	77
Sao Tomé und Principe	42	28	14	75
Saudi-Arabien	47	32	16	80
– Djidda –	48	32	16	80
– Riad –	48	32	16	110
Schweden	72	48	24	165
Schweiz	42	24	14	110
– Bern –	42	28	14	115
– Genf –	51	24	17	110
Senegal	42	28	14	130
Serbien	30	20	10	90
Sierra Leone	36	24	12	90
Simbabwe	47	32	16	135
Singapur	48	32	16	120
Slowakische Republik	24	16	8	130
Slowenien	30	20	10	95
Somalia	39	26	13	100
Spanien	36	24	12	105
– Barcelona, Madrid –	36	24	12	150
– Kanarische Inseln –	36	24	12	90
– Palma de Mallorca –	36	24	12	125
Sri Lanka	24	16	18	60
St. Kitts und Nevis	36	24	12	100
St. Lucia	45	30	15	105
St. Vincent und die Grenadinen	36	24	2	110
Sudan	33	22	11	110
Südafrika	30	20	10	80
– Kapstadt –	30	20	10	90
Suriname	30	20	10	75
Syrien	38	25	13	140
Tadschikistan	24	16	8	50
Taiwan	39	26	13	110
Tansania	39	26	13	165
Thailand	32	21	11	120
Togo	33	22	11	80
Tonga	32	21	11	36
Trinidad und Tobago	59	40	20	145
Tschad	48	32	16	140
Tschechische Republik	24	16	8	97
Türkei	42	28	14	70
– Izmir, Istanbul –	41	28	14	100
Tunesien	33	22	11	80
Turkmenistan	28	19	10	60

[3] Soweit diese Wohnungen gegen Entgelt angemietet werden, können 135 € angesetzt werden.

Pauschbeträge für Verpflegungsmehraufwendungen und Übernachtungskosten bei Auslandsreisen (Fortsetzung)

Land	Pauschbeträge für Verpflegungsmehraufwendungen bei einer Abwesenheitsdauer von			Pauschbetrag für Übernachtungskosten[1]
	mindestens 24 Stunden	weniger als 24 Stunden, aber mindestens 14 Stunden	weniger als 14 Stunden, aber mindestens 8 Stunden	
	€	€	€	€
Uganda	33	22	11	130
Ukraine	36	24	12	85
Ungarn	30	20	10	75
Uruguay	36	24	12	70
Usbekistan	30	20	10	60
Vatikanstadt	36	24	12	108
Venezuela	46	31	16	150
Vereinigte Arabische Emirate	42	28	14	145
Vereinigte Staaten	36	24	12	110
– Atlanta –	40	27	14	115
– Boston –	42	28	14	190
– Chicago –	44	29	15	95
– Houston –	38	25	13	110
– San Francisco –	41	28	14	110
– Los Angeles –	50	33	17	135
– Miami –	48	32	16	120
– New York City –	48	32	16	215
– Washington, D.C. –	40	27	14	205
Vereinigtes Königreich und Nordirland	42	28	14	110
– London –	60	40	20	152
– Edinburgh –	42	28	14	170
Vietnam	36	24	12	125
Weißrussland	24	16	8	100
Zentralafrikanische Republik	29	20	10	52
Zypern	39	26	13	90

Ergänzende Hinweise:

Für die in der Tabelle nicht erfassten Länder ist der für Luxemburg geltende Pauschbetrag maßgebend; für die nicht erfassten Übersee- und Außengebiete eines Landes ist der für das Mutterland geltende Pauschbetrag maßgebend.

Für Auslandsübernachtungsgeld ist der Ort der Unterkunft maßgebend.

Bei eintägigen Auslandsreisen gilt für das Land der Tätigkeitsstätte, bei mehreren Tätigkeitsstätten das für das Land der letzten Tätigkeitsstätte maßgebende pauschale Auslandstagegeld.

Im Übrigen ist beim Ansatz des Auslandstagegeldes und Übernachtungsgeldes Folgendes zu beachten:

1. Das Auslandstagegeld richtet sich nach dem Ort, den der Reisende vor 24 Uhr Ortszeit zuletzt erreicht. Liegt bei Rückreisetagen vom Ausland in das Inland der vor 24 Uhr erreichte Ort im Inland, wird der Pauschbetrag des letzten Tätigkeitsorts im Ausland anerkannt.

2. Bei Flugreisen gilt ein Land in dem Zeitpunkt als erreicht, in dem das Flugzeug dort landet; Zwischenlandungen bleiben unberücksichtigt, es sei denn, dass sie durch Übernachtungen notwendig werden. Erstreckt sich eine Flugreise über mehr als zwei Kalendertage, so ist für die Tage, die zwischen dem Tag des Abflugs und dem Tag der Landung liegen, das für Österreich geltende Tagegeld maßgebend; ein Auslandsübernachtungsgeld wird nicht anerkannt.

3. Bei Schiffsreisen ist das für Luxemburg geltende Tagegeld und für die Tage der Einschiffung und Ausschiffung das für den Hafenort geltende Tagegeld maßgebend.
   Auslandsübernachtungsgelder können für die Dauer der Schiffsreise nicht angesetzt werden.

4. Die Pauschbeträge sind auch anzusetzen, wenn ein Arbeitnehmer Mahlzeiten vom Arbeitgeber oder auf dessen Veranlassung von einem Dritten unentgeltlich oder teilentgeltlich erhalten hat.

Rechtsquellen: § 4 Abs. 5 Satz 1 Nr. 5 EStG; BMF-Schreiben vom 8.12.2011; R 9.6 Abs. 3 LStR.

auschbeträge für Kraftfahrzeugbenutzung bei Fahrten zwischen Wohnung nd regelmäßiger Arbeitsstätte

Bei Benutzung von privaten Fahrzeugen können folgende Pauschbeträge als bzw. ab 2007 wie Werbungskosten geltend gemacht werden:

Verkehrsmittel	Pauschbetrag je Arbeitstag und Entfernungs-km	
	ab 1.1.2002	ab 1.1.2004
Kraftwagen	unabhängig vom benutzten Transportmittel (jedoch nicht für eine Flugstrecke) 0,36 € für die ersten 10 km, 0,40 € für jeden weiteren km	unabhängig vom benutzten Transportmittel (jedoch nicht für eine Flugstrecke) 0,30 €[2]
Motorrad und Motorroller		
Moped und Mofa[1]		
Fahrrad[1]		

Rechtsquelle: § 9 Abs. 1 Nr. 4, Abs. 2 EStG, R 9.10 LStR.

Seit 1.1.2001 kann die Entfernungspauschale für jeden Arbeitstag angesetzt werden, an dem der Arbeitnehmer die Arbeitsstätte aufsucht.

[1] Statt der Pauschbeträge können die tatsächlichen Kosten angesetzt werden.

[2] Die Entfernungspauschale ist bei der Benutzung öffentlicher Verkehrsmittel auf 4 500 €/Jahr beschränkt;
bei Benutzung eines eigenen oder zur Nutzung überlassenen Pkw kann auch ein höherer Betrag angesetzt werden.

Behinderte im Sinne des § 9 Abs. 2 EStG[3] können die tatsächlichen Kosten geltend machen; statt dessen sind folgende Pauschbeträge ansetzbar:

Verkehrsmittel	Pauschbetrag je Arbeitstag und Entfernungs-km		
	bis 31.12.2000	ab 1.1.2001	ab 1.1.2002
Kraftwagen	1,04 DM	1,16 DM	0,60 €
Motorrad und Motorroller	0,46 DM	0,50 DM	0,26 €
Moped und Mofa	0,28 DM	0,30 DM	0,16 €
Fahrrad	0,14 DM	0,14 DM	0,10 €

Wird ein behinderter Arbeitnehmer von einem Dritten, z. B. von seinem Ehegatten, zu seiner Arbeitsstätte gefahren und wieder abgeholt, so können auch die Leerfahrten in tatsächlicher Höhe oder mit den Pauschbeträgen geltend gemacht werden.

[3] Als behindert in diesem Sinne gilt man

a) bei einem Behinderungsgrad von mindestens 70 %,

b) bei einem Behinderungsgrad von weniger als 70 % aber mehr als 50 %, wenn der Behinderte in seiner Bewegungsfreiheit im Straßenverkehr erheblich eingeschränkt ist.

Steuerliche Behandlung der Auswärtstätigkeiten

Begriff der regelmäßigen Arbeitsstätte:

Regelmäßige Arbeitsstätte ist der ortsgebundene Mittelpunkt der dauerhaft angelegten beruflichen Tätigkeit eines Arbeitnehmers, unabhängig davon, ob es sich um eine Einrichtung des Arbeitgebers handelt (z.B. bei einem Leiharbeitnehmer auch der Betrieb des Entleihers, wenn die Tätigkeit dort an längere Zeit angelegt ist), insbesondere jede ortsfeste dauerhafte betriebliche Einrichtung des Arbeitgebers, der der Arbeitnehmer zugeordnet ist und die er mit einer gewissen Nachhaltigkeit immer wieder aufsucht (z.B. Bus/Straßenbahndepots oder Verkaufsstellen für Fahrkarten). Es genügt, wenn die Einrichtung vom Arbeitnehmer durchschnittlich im Kalenderjahr an einem Arbeitstag je Arbeitswoche aufgesucht wird.

Begriff der Auswärtstätigkeit:

Eine Auswärtstätigkeit liegt vor, wenn der Arbeitnehmer vorübergehend außerhalb seiner Wohnung und an keiner seiner regelmäßigen Arbeitsstätten beruflich tätig wird. Eine Auswärtstätigkeit liegt ab 2008 ebenfalls vor, wenn der Arbeitnehmer bei seiner individuellen beruflichen Tätigkeit typischerweise nur an ständig wechselnden Tätigkeitsstätten oder auf einem Fahrzeug tätig wird.

Fahrtkosten	Verpflegungsmehraufwendungen	Übernachtungskosten
Fahrtkosten sind die *tatsächlichen Aufwendungen*, die dem Arbeitnehmer durch die persönliche Benutzung eines Verkehrsmittels entstehen. Bei öffentlichen Verkehrsmitteln ist der entrichtete Fahrpreis einschl. etwaiger Zuschläge anzusetzen. Benutzt der Arbeitnehmer sein Fahrzeug, ist der individuelle Kilometersatz für das Fahrzeug anzusetzen. Diese tatsächlichen Kosten können vom Arbeitnehmer als Werbungskosten geltend gemacht oder vom Arbeitgeber steuerfrei ersetzt werden. Statt der tatsächlichen Kosten sind folgende *pauschale Kilometersätze* ansetz- bzw. ersetzbar: a) bei einem Pkw 0,30 € je Fahrtkilometer, b) bei einem Motorrad oder einem Motorroller 0,13 € je Fahrtkilometer, c) bei einem Moped oder Mofa 0,08 € je Fahrtkilometer, d) bei einem Fahrrad 0,05 € je Fahrtkilometer	Als Verpflegungsmehraufwendungen dürfen *nur* folgende *Pauschbeträge* als Werbungskosten angesetzt bzw. vom Arbeitgeber steuerfrei ersetzt werden (der Nachweis höherer Beträge ist nicht möglich); dabei ist allein die Dauer der Abwesenheit des Arbeitnehmers von seiner Wohnung und seiner regelmäßigen Arbeitsstätte maßgeblich. Die Pauschbeträge betragen: – bei einer Abwesenheit von mindestens 8 bis zu 14 Stunden 6 €, – bei einer Abwesenheit von mindestens 14 bis zu 24 Stunden 12 €, – bei einer Abwesenheit von 24 Stunden und mehr 24 €. Der Abzug der Verpflegungsmehraufwendungen ist auf die ersten drei Monate der Tätigkeit an *derselben* auswärtigen Tätigkeitsstätte beschränkt. Bei Auslandstätigkeiten sind die Pauschbeträge lt. Tabelle S. 46 ff. als Werbungskosten absetzbar bzw. vom Arbeitgeber erstattbar.	Die tatsächlichen Übernachtungskosten können zeitlich unbeschränkt als Werbungskosten angesetzt bzw. vom Arbeitgeber steuerfrei ersetzt werden. Stattdessen ist bei Inlandsübernachtungen die steuerfreie Erstattung eines Pauschbetrags von 20 € möglich; diese Pauschale kann nicht als Werbungskosten angesetzt werden. Bei Auslandsübernachtungen dürfen Übernachtungskosten mit Pauschbeträgen (vgl. S. 46 ff.) steuerfrei erstattet werden; jedoch dürfen diese Pauschbeträge ab 2008 nicht mehr als Werbungskosten angesetzt werden.

Seit 1. 1. 2004 liegt eine beruflich veranlasste doppelte Haushaltsführung nur vor, wenn der Arbeitnehmer *außerhalb des Ortes*, in dem er einen *eigenen Hausstand* unterhält, beschäftigt ist und auch am *Beschäftigungsort wohnt/übernachtet*.

Als notwendige Mehraufwendungen wegen einer doppelten Haushaltsführung kommen in Betracht

1. die Fahrtkosten aus Anlass der Wohnungswechsel zu Beginn und am Ende der doppelten Haushaltsführung sowie für wöchentliche Familienheimfahrten oder Aufwendungen für wöchentliche Familien-Ferngespräche.
2. Verpflegungsmehraufwendungen und
3. Aufwendungen für die Zweitwohnung.

Führt der Arbeitnehmer mehr als eine Familienheimfahrt wöchentlich durch, so kann er wählen, ob er die in Betracht kommenden Mehraufwendungen wegen doppelter Haushaltsführung oder die Fahrtkosten als Aufwendungen für Fahrten zwischen Wohnung und Arbeitsstätte geltend machen will. Ein Arbeitnehmer mit Einsatzwechseltätigkeit kann wählen, ob er die in Betracht kommenden Mehraufwendungen wegen doppelter Haushaltsführung oder die Fahrtkosten nach R 9. 10 LStR geltend machen will. Wählt der Arbeitnehmer den Abzug der Fahrtkosten, so kann er Verpflegungsmehraufwendungen und Aufwendungen für die Zweitwohnung nicht geltend machen. Hat der Arbeitgeber Kost oder Wohnung unentgeltlich oder verbilligt gewährt, so sind diese Sachbezüge mit den nach R 8.1 Abs. 4 und 5 LStR maßgeblichen Werten dem Arbeitslohn hinzuzurechnen. Der Arbeitnehmer kann das Wahlrecht bei derselben doppelten Haushaltsführung für jedes Kalenderjahr nur einmal ausüben.

Fahrtkosten	Verpflegungsmehraufwendungen	Aufwendungen für die Zweitwohnung
Als notwendige Fahrtkosten sind anzuerkennen: 1. die tatsächlichen Aufwendungen für Wege anlässlich der Wohnungswechsel zu Beginn und am Ende der doppelten Haushaltsführung. Für die Ermittlung der Wegekosten ist Tabelle S. 45 (Kilometersätze bei Auswärtstätigkeiten) anzuwenden. Bei Flugstrecken sind die tatsächlichen Aufwendungen anzusetzen. 2. die Aufwendungen für jeweils eine tatsächlich durchgeführte Heimfahrt wöchentlich. Hierfür wird eine Entfernungspauschale von 0,30 € pro Entfernungskilometer unabhängig vom gewählten Transportmittel angesetzt (ohne die Kürzung um 20 km wie bei den Fahrten Wohnung – Arbeitsstätte). Aufwendungen für Fahrten mit einem im Rahmen des Dienstverhältnisses zur Nutzung überlassenen Kraftfahrzeug können nicht angesetzt werden.	Als notwendige Verpflegungsmehraufwendungen sind für einen Zeitraum von drei Monaten nach Aufnahme der Beschäftigung am neuen Beschäftigungsort für jeden Kalendertag, an dem der Arbeitnehmer von seinem Mittelpunkt wohnt abwesend ist, die bei mehrtägigen Auswärtstätigkeiten als Reisekosten ansetzbaren Pauschbeträge anzuerkennen; dabei ist allein die Dauer der Abwesenheit von der Mittelpunktwohnung maßgebend. Ist der Tätigkeit am Beschäftigungsort eine Auswärtstätigkeit an diesem Beschäftigungsort unmittelbar vorausgegangen, so ist deren Dauer auf die Dreimonatsfrist anzurechnen. Nach Ablauf der Dreimonatsfrist ist seit 1. 1. 1996 kein Abzug von Verpflegungsmehraufwendungen mehr möglich. Desgleichen ist seit 1. 1. 1996 kein Einzelnachweis von höheren Beträgen als die Pauschbeträgen mehr möglich.	Als notwendige Aufwendungen für die Zweitwohnung sind deren tatsächliche Kosten anzuerkennen, soweit sie nicht überhöht sind. (Nicht überhöht sind Aufwendungen, die sich für eine Wohnung von 60 qm bei einem ortsüblichen Mietzins für eine nach Lage und Ausstattung durchschnittliche Wohnung ergeben würden.) Steht die Zweitwohnung im Eigentum des Arbeitnehmers, so sind die Aufwendungen in der Höhe als notwendig anzusehen, in der sie der Arbeitnehmer als Mieter für eine nach Größe, Ausstattung und Lage angemessene Wohnung tragen müßte. Zu den Aufwendungen für die Zweitwohnung gehören auch die Absetzungen für Abnutzung, Hypothekenzinsen und Reparaturkosten. Aufwendungen für eine Zweitwohnung werden auch bei einem Alleinstehenden anerkannt, wenn er mit Angehörigen einen gemeinsamen Hausstand führt oder der Mittelpunkt des häuslichen Lebens bei der Verlobten oder Lebensgefährtin liegt. Bei Beschäftigung im Ausland ist R 9.7 Abs. 2 LStR für Übernachtungskosten ohne Einzelnachweis (voller Pauschbetrag für 3 Monate, danach 40 % davon) entsprechend anwendbar.

Steuerliche Behandlung der Mehraufwendungen für doppelte Haushaltsführung
(Fortsetzung)

Fahrtkosten	Verpflegungsmehraufwendungen	Aufwendungen für die Zweitwohnung
Anstelle der Aufwendungen für eine Familienheimfahrt können die Gebühren für ein Ferngespräch bis zu einer Dauer von 15 Minuten mit Angehörigen, die zum eigenen Hausstand des Arbeitnehmers gehören, berücksichtigt werden. Dabei können jeweils nur die Gebühren nach dem günstigsten Tarif als notwendige Mehraufwendungen anerkannt werden.		

Die durch das Jahressteuergesetz 1996 ab 1996 eingeführte Beschränkung der doppelten Haushaltsführung auf 2 Jahre wurde mit Wirkung ab VZ 2003 gestrichen.

Die notwendigen Mehraufwendungen für doppelte Haushaltsführung können als Werbungskosten abgezogen werden, soweit sie nicht vom Arbeitgeber nach § 3 Nr. 13 EStG oder den folgenden Regelungen steuerfrei erstattet werden. Die Erstattung der Mehraufwendungen bei doppelter Haushaltsführung durch den Arbeitgeber ist nach § 3 Nr. 16 EStG steuerfrei, soweit keine höheren Beträge erstattet werden, als nach den oben genannten Sätzen anerkannt werden können. Dabei kann der Arbeitgeber bei Arbeitnehmern in den Steuerklassen III, IV oder V ohne weiteres unterstellen, dass sie einen eigenen Hausstand haben. Seit 1. 1. 1993 werden Verheiratete und Alleinstehende nicht mehr unterschiedlich behandelt. Darüber hinaus gilt Folgendes:

1. Hat der Arbeitgeber oder für dessen Rechnung ein Dritter dem Arbeitnehmer einen Kraftwagen zur Durchführung der Heimfahrten unentgeltlich überlassen, so kommt ein Werbungskostenabzug und eine Erstattung von Fahrtkosten nicht in Betracht.

2. Verpflegungsmehraufwendungen dürfen nur bis zu den in Spalte 2 maßgebenden Pauschbeträgen steuerfrei erstattet werden.

3. Die notwendigen Aufwendungen für die Zweitwohnung an einem Beschäftigungsort im Inland dürfen ohne Einzelnachweis für einen Zeitraum von 3 Monaten mit einem Pauschbetrag bis zu 20 € und für die Folgezeit von bis zu 21 Monaten mit einem Pauschbetrag bis zu 5 € je Übernachtung steuerfrei erstattet werden, wenn dem Arbeitnehmer die Zweitwohnung nicht unentgeltlich oder verbilligt zur Verfügung gestellt worden ist.

(§ 37a, § 40 EStG, R 40.1 und 40.2 LStR)		Pauschalierung für Teilzeit-beschäftigte und geringfügig Beschäftigte (§ 40 a EStG, R 40a.1/40 a.2 LStR)		Pauschalierung für bestimmte Zukunftssicherungsleistungen (§ 40 b EStG, R 40b.1 LStR)
für sonstige Bezüge und Nacherhebungen	für Zuwendungen bei Betriebsver- anst. Erholungsbeihilfen u. a.	I. Unter Verzicht auf die Vorlage einer Lohnsteuerkarte kann die Lohnsteuer pauschaliert werden bei:		I. *Pauschalbesteuerung für:* – Beiträge des Arbeitgebers zum Aufbau einer nichtka- pitalgedeckten betriebli- chen Altersversorgung an eine Pensionskasse, – Gruppenunfallversiche- rungen bei durchschnittlich 62 € nach Abzug der Ver- sicherungsteuer je Arbeitnehmer. II. *Bemessungsgrundlage der pauschalen Lohnsteuer:* – grundsätzlich die tatsäch- lichen Leistungen des Ar- beitgebers. Der Pausch- steuersatz ist 20 %. III. *Pauschalierungsgrenze:* Begrenzt auf pauschal- besteuerungsfähige durch- schnittliche Leistungen von 1.752 € jährlich je Arbeitneh- mer. Überschreitung bis 2 148 € im Einzelfall möglich, falls dadurch die durchschnitt- liche Zuwendung je Arbeit- nehmer 1 752 € nicht über- steigt. Arbeitnehmer, für die mehr als 2 148 € pro Jahr aufgewendet werden, sind in die Durchschnittsberech- nung nicht einzubeziehen.
I. Voraussetzung der Pau- schalierung ist eine größere Zahl von Fällen (gleich- zeitig mindestens 20 Arbeit- nehmer). Sie ist nur zuläs- sig, soweit der Gesamt- betrag der pauschal besteuerten Bezüge eines Arbeitnehmers im Kalender- jahr den Betrag von 1000 € nicht übersteigt. Übernom- mene Lohnsteuer zusätzliche Ein- nahme i. S. v. § 8 Abs. 1 EStG. II. Der durchschnittliche Steuersatz ist entweder nach allgemeiner oder nach besonderer LSt- Tabelle zu ermitteln, wobei die Arbeitnehmer getrennt nach – Steuerklassen I, II und IV, – Steuerklasse III und – Steuerklassen V und VI zu erfassen sind. Reprä- sentativverfahren ist mög- lich.	I. Ein fester Pauschsteuersatz von 25 % ist zugelassen, – soweit der Arbeitgeber Arbeitslohn aus Anlass von Betriebsveranstal- tungen zahlt; – sofern der Arbeitgeber Erholungsbeihilfen ge- währt, die im Kalenderjahr 156 € für den Arbeit- nehmer, 104 € für dessen Ehegatten und 52 € für jedes auf der Lohnsteuer- karte eingetragene Kind des Arbeitnehmers über- steigt (Verwen- dungszweck ist sicherzu- stellen); – für arbeitstägliche Essens- geldzuschüsse oder arbeitstäglich eine unent- geltliche oder verbilligte Mahlzeit an Arbeitnehmer, sofern die Mahlzeiten nicht als Lohnbestandteile vereinbart sind; – für Vergütungen für Ver- pflegungsmehraufwen- dungen bis zur Höhe des steu- erfreien Betrags zusätzlich; – wenn der Arbeitgeber dem Arbeitnehmer PC, Zu- behör oder Internetzugang übereignet oder Zuschüs- se zum Internetzugang bezahlt. II. 15 % sind zulässig für zusätz- lich zum ohnehin geschul- deten Arbeitslohn geleistete Zuschüsse zu Fahrten oder unentgeltliche oder verbil- ligte Beförderung zwischen Wohnung und Arbeitsstätte.	a) *kurzfristiger Beschäftigung,* die vorliegt, wenn der Arbeit- nehmer nur gelegentlich, nicht regelmäßig wieder- kehrend beschäftigt wird (nicht mehr als 18 zusam- menhängende Arbeitstage) und der Arbeitslohn durch- schnittlich 12 € je Arbeitstag nicht übersteigt oder die Be- schäftigung zu einem unvor- hersehbaren Zeitpunkt erfor- derlich wird; Höchststundensatz 12 €. II. Pauschale Lohnsteuer bei kurzfristiger Beschäftigung beträgt 25 % des Arbeitslohnes bei Über- nahme durch Arbeitgeber. III. Der Arbeitgeber carf die Pauschalierung auf einzelne Arbeitnehmer beschränken. IV. Bei Aushilfskräften in der Land- und Forstwirtschaft, die weniger als 130 Tage im Jahr beschäftigt werden, be- trägt der Pauschsatz 5 % des Lohnes.	b) *Beschäftigung in geringem Umfang und gegen geringen Arbeitslohn* (Dauerbeschäfti- gung). II. Pauschale Lohnsteuer 2 % (§ 40 a Abs. 2 EStG) – Arbeitsentgelt pro Monat max. 400 €; – pauschale Rentenversiche- rungsbeiträge von 5 % (in Privathaushalten) bzw. 12 % (bei sonstiger insbes. gewerbl. Beschäftigung); – Rentenversicherung kann vom Arbeitnehmer auf 19,9 % aufgestockt wer- den; – keine Stundenlohngrenze; – Steuer ist zusammen mit der Sozialversicherung an die Deutsche Rentenversi- cherung Knappschaft- Bahn-See-Verwaltungs- stelle Cottbus abzuführen. III. Pauschale Lohnsteuer 20 % (§ 40 a Abs. 2 a EStG) – Arbeitsentgelt pro Monat max. 400 €; – keine pauschalen Renten- versicherungsbeiträge; – keine Stundenlohngrenze; – Steuer ist an das Finanz- amt abzuführen.	
für Kundenbindungs- programme I. Sachprämien i.S.v. § 3 Nr. 38 können von ge- währenden Unternehmen mit 2,25 % pauschal be- steuert werden.				

Grundsätzlich hat der Arbeitgeber die pauschale LSt und KiSt zu übernehmen. Sie sind beim Arbeitnehmer weder auf die Einkommensteuer noch auf die Jahreslohnsteuer anzu- rechnen; auf den Arbeitnehmer abgewälzte pauschale Lohnsteuer gilt als zugeflossener Arbeits- lohn und mindert die Bemessungsgrundlage nicht.

Lohnsteuerpflichtige Sachzuwendungen

	Art der Zuwendung	Normalsatz	
		monatlich €	Tagessatz €
1	Freie Verpflegung	219,00	7,30
2	Nur Frühstück	47,00	1,57
3	Nur Mittagessen	86,00	2,87
4	Nur Abendessen	86,00	2,87
	Zuschläge für nicht im Betrieb beschäftigte, aber mitversorgte Angehörige		
5	über 18 Jahre alt (100 %)	219,00	7,30
6	14–18 Jahre alt (80 %)	175,20	5,84
7	7–14 Jahre alt (40 %)	87,60	2,92
8	bis 7 Jahre alt (30 %)	65,70	2,19
9	Freie Unterkunft	212,00	7,07
10	– bei Unterbringung im Haushalt des Arbeitgebers oder in Gemeinschaftsunterkunft	180,20	6,01
11	– für Jugendliche bis zur Vollendung des 18. Lebensjahres und für Auszubildende	180,20	6,01
12	Ausschließlich freie Wohnung	Ortsüblicher Mietpreis. Falls nicht ermittelbar, 3,70 € je 1 m², bei einfacher Ausstattung nur 3,00 €.	

– **Berücksichtigung verbilligter Kost und Wohnung:**
  Unterschied zwischen vereinbartem Preis und Wert bei freiem Bezug (siehe oben) ist dem Arbeitsentgelt hinzuzurechnen.

– **Berücksichtigung ausschließlich verbilligter Wohnung:**
  Unterschied zwischen vereinbarter und ortsüblicher Miete ist dem Arbeitsentgelt hinzuzurechnen.

– **Belegung eines Wohnraumes mit mehreren Beschäftigten:**
  Wird mehreren Beschäftigten ein Wohnraum zur Verfügung gestellt, so vermindert sich der für Wohnung, Heizung und Beleuchtung ergebende Wert
  – bei Belegung mit 2 Beschäftigten um 40 %
  – bei Belegung mit 3 Beschäftigten um 50 %
  – bei Belegung mit mehr als 3 Beschäftigten um 60 %.

– **Wertansatz für unentgeltliche oder verbilligte Mahlzeiten im Betrieb:**
  Einheitlich bei allen Beschäftigten sind anzusetzen:
  – für ein Mittag- oder Abendessen 2,87 €
  – für ein Frühstück 1,57 €

e Einkommensteuer als Maßstabsteuer für die Kirchensteuer

Berechnungsgrundlage:

Ausgangspunkt für die Berechnung (Maßstabsteuer) ist die Einkommensteuer, die abweichend von § 2 Abs. 6 EStG unter

- Abzug eines Kinderfreibetrags von 2 184 € sowie eines Betreuungsfreibetrags von 1 320 € pro berücksichtigungsfähiges Kind (§ 32 EStG)
- Abzug eines Kinderfreibetrags von 4 368 € sowie eines Betreuungsfreibetrags von 2 640 € pro berücksichtigungsfähiges Kind (§ 32 EStG) bei zusammenveranlagten Ehegatten

festzusetzen wäre.

Steuersätze:

Im Allgemeinen gelten je nach Bundesland die Steuersätze von 8 % und 9 % der Einkommensteuer. Der Solidaritätszuschlag wird in die Berechnung nicht einbezogen.
Um bei höheren Einkommen die Belastung durch die Kirchensteuer zu mildern, ist in einigen Bundesländern – soweit Kirchensteuergesetz, Kirchengesetz oder Kirchensteuerbeschlüsse dies vorsehen – eine so genannte Kappung der Kirchensteuer vorgesehen. Diese Kappung bedeutet, dass die nach Prozenten der Einkommen- und Lohnsteuer berechnete Kirchensteuer eine Reduzierung dadurch erfährt, dass die Kirchensteuer einen bestimmten Prozentsatz des zu versteuernden Einkommens (z. B. 3, 3,5 oder 4 %) nicht übersteigen darf.

Bundesland	Höhe des normalen KiSt-Satzes und Kappungssatz ( )	KiSt-Zuschlag bei pauschalierter Lohnsteuer	KiSt-Aufteilung bei pauschalierter Lohnsteuer (ev : rk)
Baden-Württemberg	8 % (2,75 %/3,5 %; A) [1]	6 %[2]	47 : 53
Bayern	8 % (0 %)	7 %[2]	30 : 70
Berlin	9 % (3 %)	5 %[2]	70 : 30
Brandenburg	9 % (3 %)	5 %	70 : 30
Bremen	9 % (3,5 %)	7 %	80 : 20
Bremerhaven	9 % (3,5 %)	7 %	90 : 10
Hamburg	9 % (3 %) [1]	4 %[2]	70 : 29,5[3]
Hessen	9 % (3,5 %/4 %; A) [1]	7 %	örtlich verschieden, im Zweifel 50 : 50
Mecklenburg-Vorpommern	9 % (3,5 %/3 %)	5 %	90 : 10
Niedersachsen	9 % (3,5 %)	6 %	73 : 27
Nordrhein-Westfalen	9 % (3,5 %/4 %; A) [1]	7 %	örtlich verschieden, im Zweifel 50 : 50
Rheinland-Pfalz	9 % (3,5 %/4 %; A) [1]	7 %	örtlich verschieden, im Zweifel 50 : 50
Saarland	9 % (3,5 %/4 %; A) [1]	7 %	25 : 75
Sachsen	9 % (3,5 %)	5 %	85 : 15
Sachsen-Anhalt	9 % (3,5 %)	5 %	73 : 27
Schleswig-Holstein	9 % (3 %)	6 %	85 : 15
Thüringen	9 % (3,5 %)	5 %	73 : 27

( ) = Die in Klammern angegebenen Zahlen nennen die Kappungssätze

A = Kappung auf Antrag durch die zuständigen Kirchenbehörden

Die Erläuterungen zu [1], [2], [3] befinden sich auf der nächsten Seite

Die Einkommensteuer als Maßstabsteuer für die Kirchensteuer (Fortsetzung)

[1] Die erste Zahl gilt für die evangelische Kirche, die zweite für die katholischen Diözesen. Für einzelne Kirchen und Kirchengemeinden gibt es – abweichend von der allgemeinen Regelung – keine Kappung der Kirchensteuer, so in **Baden-Württemberg** für die Altkatholische Kirche, die Islamische Religionsgemeinschaft und die Freireligiöse Landesgemeinde Baden; in **Hamburg** für die Evangelisch-reformierte Kirche und die Mennonitengemeinde Hamburg-Altonas; in **Hessen** für die Jüdischen Gemeinden Frankfurt/Main, Bad Nauheim, Darmstadt, Gießen, Kassel, Offenbach; in **Nordrhein-Westfalen** für die Diözese Aachen (nur auf Antrag) und die Altkatholische Kirche; in **Rheinland-Pfalz** für die Diözese Trier, die Freireligiöse Gemeinde Mainz, die Freireligiöse Landesgemeinde Pfalz, die Jüdische Kultusgemeinde Koblenz und die Religiöse Gemeinschaft Freie Protestanten; im **Saarland** für die Diözese Trier, die Altkatholische Kirche und die Synagogengemeinschaft Saar.

[2] Ein Kirchensteuer-Zuschlag zur pauschalierter Lohnsteuer wird für folgende Kirchen und Kirchengemeinden **nicht** erhoben; in **Baden-Württemberg** für die Altkatholische Kirche und die Islamische Religionsgemeinschaft, in **Bayern** für die Altkatholische Kirche; in **Berlin** für die Hugenottenkirche und die Jüdische Gemeinde; in **Hamburg** für die Evangelisch-reformierte Kirche und die Mennonitengemeinde Hamburg-Altona.

[3] Ab 1.1.2006 jüdische Gemeinde 0,5%

Steuersätze bei der Körperschaftsteuer

Höhe	Anwendungsbereich
15% nach § 23 Abs. 1	Steuersatz ab 2008
25% nach § 23 Abs. 1	Steuersatz für 2004 bis 2007
26,5% nach § 23 Abs. 1	Steuersatz für 2003 aufgrund Flutopfer-Solidaritätsgesetz
25% nach § 23 Abs. 1	*Steuersatz* für 2001 und 2002, der unabhängig davon gilt, ob der Gewinn ausgeschüttet oder thesauriert wird (*Definitivsteuer*).
40%[1] nach § 23 Abs. 1	*Normalsatz* bis einschließlich VZ 2000, anzuwenden auf zu versteuerndes Einkommen, soweit ein Gewinn nicht ausgeschüttet ist. Nichtabziehbare Ausgaben dürfen den Gewinn nicht mindern
42%[2] nach § 23 Abs. 2	Nur bis VZ 1998 gültig: Ermäßigter Satz, anzuwenden bei solchen unbeschränkt steuerpflichtigen Körperschaften und Personenvereinigungen, die *nicht Kapitalgesellschaften* und *nicht Genossenschaften* sind, z.B. Versicherungsvereine auf Gegenseitigkeit, Eigenbetriebe der öffentlichen Hand und nichtrechtsfähige Vereine, Anstalten, Stiftungen u.a. Zweckvermögen des privaten Rechts. Ermäßigter Satz ist auch anzuwenden bei beschränkt steuerpflichtigen Körperschaften, Personenvereinigungen und Vermögensmassen, die weder ihren Sitz noch ihre Geschäftsleitung im Inland haben, auf ihre inländischen Einkünfte. Der ermäßigte Steuersatz gilt nicht: 1. für Körperschaften und Personenvereinigungen, deren Leistungen bei den Empfängern zu den Einnahmen i.S. von § 20 Abs. 1 Nr. 1 und 2 EStG gehören; 2. für Stiftungen in Gestalt von juristischen Personen des privaten Rechts, in Gestalt von nichtrechtsfähigen Stiftungen des privaten Rechts.
45% nach § 23 Abs. 2	Für 1999 und 2000 gilt: Für Körperschaften und Personenvereinigungen, deren Leistungen bei den Empfängern zu den Einnahmen im Sinne des § 20 Abs. 1 Nr. 1 oder 2 EStG gehören, beträgt die Körperschaftsteuer 45% der Einnahmen im Sinne des § 20 Abs. 1 Nr. 1 oder 2 EStG zuzüglich der darauf entfallenden Einnahmen im Sinne des § 20 Abs. 1 Nr. 3 EStG, für die der Teilbetrag im Sinne des § 54 Abs. 11 Satz 1 als verwendet gilt. § 44 Abs. 1 Satz 1 Nr. 6 Satz 3 gilt entsprechend. Die Körperschaftsteuer beträgt höchstens 45% des zu versteuernden Einkommens.
30%[3] nach § 27 Abs. 1	Ermäßigter Satz, anzuwenden für ausgeschüttete Gewinne bis einschließlich für das Wirtschaftsjahr 2000 unbeschränkt steuerpflichtiger Kapitalgesellschaften sowie der Erwerbs- und Wirtschaftsgenossenschaften. Dieser Ausschüttungsbelastung der Körperschaft entspricht das Steuerguthaben des Anteilseigners.

[1] bis einschl. VZ 1993 50%, bis einschl. VZ 1998 45%
[2] bis einschl. VZ 1993 46%
[3] bis einschl. VZ 1993 36%

e Körperschaftsteuerpflichtigen

Rechtsquellen: Körperschaftsteuergesetz (KStG) i.d.F. vom 15.10.2002, BGBl I S. 4145, mit laufenden Änderungen

Steuerpflichtige Körperschaften		Umfang der Steuerpflicht
unbeschränkt (§§ 1, 3 und 4)	beschränkt (§ 2)	

Unbeschränkt steuerpflichtig sind:	Beschränkt steuerpflichtig sind:	1. *Bei unbeschränkter Steuerpflicht:* sämtliche Einkünfte.
. Kapitalgesellschaften. [insbesondere Europäische Gesellschaften, Aktiengesellschaften, Kommanditgesellschaften auf Aktien, GmbH, Unternehmergesellschaft (haftungsbeschränkt)];	1. a) Körperschaften, b) Personenvereinigungen und c) Vermögensmassen, die weder ihre Geschäftsleitung noch ihren Sitz im Inland haben;	2. *Bei beschränkter Steuerpflicht:* nach Nr. 1: inländische Einkünfte
. Genossenschaften einschließlich der Europäischen Genossenschaften;	2. a) sonstige Körperschaften, b) Personenvereinigungen und c) Vermögensmassen, die nicht unbeschränkt steuerpflichtig sind.	nach Nr. 2: inländische Einkünfte, von denen ein Steuerabzug vorzunehmen ist (kapitalertragsteuerpflichtige Einkünfte)
. Versicherungs- und Pensionsfondsvereine auf Gegenseitigkeit;		
. sonstige juristische Personen des privaten Rechts;		
. nichtrechtsfähige Vereine, Anstalten, Stiftungen und andere Zweckvermögen des privaten Rechts, wenn ihr Einkommen nicht unmittelbar bei einem anderen zu versteuern ist;		
. Betriebe gewerblicher Art von juristischen Personen des öffentlichen Rechts; das sind alle Einrichtungen, die nachhaltiger wirtschaftlicher Tätigkeit zur Einnahmenerzielung außerhalb der Land- und Forstwirtschaft dienen, wobei sie sich innerhalb der Gesamtbetätigung der Körperschaft wirtschaftlich herausheben. Gewinnerzielungsabsicht und die Beteiligung am wirtschaftlichen Verkehr sind nicht erforderlich. Die Steuerpflicht besteht auch, wenn der Betrieb selbst eine Körperschaft des öffentlichen Rechts ist. Zu Betrieben gewerblicher Art gehören auch die sogenannten Versorgungsbetriebe (Wasser-, Gas-, Elektrizitäts- oder Wärmekraftwerke), öffentliche Verkehrs- und Hafenbetriebe, dagegen nicht die Hoheitsbetriebe. Als Betrieb gewerblicher Art gilt auch die Verpachtung eines solchen Betriebes.		

Freibeträge und Freigrenzen bei der Körperschaftsteuer

Freibeträge und Freigrenzen			
für unbeschränkt steuerpflichtige Körperschaften (§ 24 KStG), soweit nicht als Erwerbs- und Wirtschaftsgenossenschaften oder als Vereine Land- und Forstwirtschaft betreibend		**für Erwerbs- und Wirtschaftsgenossenschaften sowie Vereine, die Land- und Forstwirtschaft betreiben (§ 25 KStG)**	
Höhe und Anwendungsbereich des Freibetrages bzw. der Freigrenze	Zweck der Regelung	Höhe und Anwendungsbereich des Freibetrages	Zweck der Regelung
3 835 € Freibetrag, höchstens in Höhe des Einkommens. Dies gilt nicht für Körperschaften und Personenvereinigungen, deren Leistungen bei den Empfängern zu den Einnahmen i. S. v. § 20 Abs. 1 Nr. 1 oder 2 EStG gehören und für Vereine i. S. von § 25 KStG.	1. Vermeidung von Härten, die durch den proportionalen Tarif von 15 % (ab 2008) auftreten.	13 498 €, höchstens jedoch in Höhe des Einkommens, bei unbeschränkt steuerpflichtigen Erwerbs- und Wirtschaftsgenossenschaften sowie Vereinen, deren Tätigkeit sich auf den Bereich der Land- und Forstwirtschaft beschränkt.	Vermeidung bzw. Milderung von Hemmnissen, die sich dem Zusammenschluss von Einzelbetrieben zu gemeinsamer Bewirtschaftung entgegenstellen. Das gleiche gilt für Genossenschaften und Vereine, die eine gemeinschaftliche Tierhaltung betreiben.
35 000 € Freigrenze für Einnahmen einschließlich Umsatzsteuer von wirtschaftlichen Geschäftsbetrieben, die keine Zweckbetriebe sind, und von Körperschaften mit gemeinnütziger, mildtätiger oder kirchlicher Zwecksetzung betrieben werden (§ 64 AO). Mehrere wirtschaftliche Geschäftsbetriebe, die keine Zweckbetriebe sind, werden zusammengerechnet. Sportliche Veranstaltungen eines Sportvereins sind ein Zweckbetrieb, wenn die Einnahmen einschließlich Umsatzsteuer jährlich 35 000 € nicht übersteigen. Der Verkauf von Speisen und Getränken sowie die Werbung gehören nicht zu den sportlichen Veranstaltungen. Der Sportverein kann auf die Vergünstigung verzichten mit fünfjähriger Bindung (§ 67 a AO).	2. Die Begrenzung des Anwendungsbereiches entspricht dem Zweck der Vorschrift, die neben ideellen Vereinen vor allem Anstalten, Stiftungen und andere Zweckvermögen angeht, sowie Betriebe gewerblicher Art von juristischen Personen des öffentlichen Rechts.	Die Vorschrift gilt nur 1. im Veranlagungszeitraum der Gründung, 2. in den folgenden neun Veranlagungszeiträumen, 3. sofern die Mitglieder der Genossenschaft bzw. des Vereins Flächen zur Nutzung oder Gebäude, die für die Bewirtschaftung der Flächen erforderlich sind, überlassen und 4. wenn der Wert der vom einzelnen Mitglied überlassenen Flächen bzw. Gebäude im Verhältnis zu den insgesamt überlassenen Flächen bzw. Gebäuden in etwa das Beteiligungsverhältnis an der Genossenschaft bzw. am Verein repräsentiert.	

erblick über die Gewerbesteuer

echtsquelle: Gewerbesteuergesetz (GewStG) i.d.F. vom 19.5.1999, BGBl. I S. 1010, 1491, mit laufenden Änderungen

Steuer-gegenstand	Besteuerungsgrundlage	Wichtigste Steuerbefreiungen

esteuert wird der inländi-che Gewerbe-etrieb. Er liegt or bei selb-tändiger nach-altiger Betäti-ung mit ewinnabsicht. Nicht Land- oder orstwirtschaft der reiberufliche ätigkeit). Is Gewerbe-etrieb gilt stets nd in vollem mfang die ätigkeit der Ka-italgesellschaf-en, Erwerbs- nd Wirtschafts-enossenschaften sowie der ersicherungs-ereine auf iegenseitigkeit, ätigkeit der onstigen juristi-chen Personen es privaten lechts und der ichtrechtsfähi-en Vereine, oweit sie einen irtschaftlichen Geschäftsbe-ieb unterhalten keine Landwirt-chaft). ersonengesell-chaften als Gewerbebetrie-e und Einzel-nternehmer ind Steuer-chuldner nach 5 GewStG. rbeitsgemein-chaften, deren lleiniger Zweck rfüllung eines inzigen Werk-der Werkliefe-ungsvertrages st, gelten nicht ls Gewerbe-etriebe.	Gewerbeertrag = Steuerlicher Gewinn + Hinzurechnungen ./. Kürzungen.
	
	Hinzurechnungen:
	– 25 % der Summe aus
	  den Entgelten für alle Schulden des Betriebs,
	  gezahlten Renten und dauernden Lasten,
	  den Gewinnanteilen eines stillen Gesellschafters,
	  20 % aller Miet- und Pachtzinsen für bewegliches Anlagevermö-gen,
	  50 % der Miet- und Pachtzinsen für unbewegliches Anlagevermö-gen und
	  25 % der Aufwendungen für die zeitlich befristete Überlassung von Rechten (insbesondere Konzessionen und Lizenzen)
	  nach Abzug eines Freibetrags von 100000 €;
	– Gewinnanteile, die an persönlich haftende Gesellschafter einer KGaA für ihre nicht auf das Grundkapital gemachten Einlagen oder als Vergütung (Tantieme) für die Geschäftsführung gezahlt wurden;
	– nach § 3 Nr. 40 EStG zu 40 % oder nach § 8b Abs. 1 KStG in voller Höhe steuerbefreite Ausschüttungen von Kapitalgesellschaf-ten, sofern die Beteiligung weniger als 15% beträgt;
	– Verlustanteile aus in- oder ausländischer Mitunternehmerschaft;
	– Gewinnminderungen auf Grund von Gewinnausschüttungen von Körperschaften nach dem 23.6.1988, soweit eine Teilwertab-schreibung auf den Anteil oder durch Veräußerung oder Entnah-me des Anteils oder bei Auflösung oder Herabsetzung des Kapi-tals der Körperschaft entstanden (§ 8 Nr. 10 GewStG), dabei Hin-weis auf § 9 Nr. 2a, 7 oder 8 GewStG beachten;
	– ausländische Steuern (nach § 34c EStG erhoben), die bei der Einkommensermittlung abgezogen sind, soweit sie auf Gewinne oder Gewinnanteile entfallen, die bei der Ermittlung des Gewerbe-ertrags außer Ansatz gelassen oder nach § 9 GewStG gekürzt werden.
	
	Kürzungen:
	– 1,2% vom Einheitswert des betrieblichen Grundbesitzes (Sonderregelung für grundstücks- und gebäudewirtschaftliche Be-triebe);
	– Miet-/Pachterträge aus beweglichem Anlagevermögen, soweit schon beim Mieter von Gewerbesteuer erfasst;
	– Zahlungen für gemeinnützige, mildtätige, kirchliche, wissenschaft-liche und kulturelle Zwecke unter Beachtung der Höchstgrenzen i.S. von § 10b GewStG oder § 9 Abs. 1 Nr. 2 KStG, sofern sie in vor-angegangenen Jahren nicht gekürzt werden konnten;
	– Gewinnanteile, die nach einem Doppelbesteuerungsabkommen befreit sind;
	– der Teil des Gewerbeertrags, der auf eine nicht im Inland belege-ne Betriebsstätte eines inländischen Unternehmens entfällt;
	– Gewinnanteile, die bereits in einem anderen inländischen Betrieb der Gewerbesteuer unterworfen werden (Vermeidung von Doppel-belastung mit Gewerbesteuer);
	– aus Mitunternehmerschaft an in- oder ausländischen Personenge-sellschaften, an nicht steuerbefreiten inländischen Kapital-gesellschaften einschl. Erwerbs- und Wirtschaftsgenossen-schaften und Unternehmensbeteiligungsgesellschaften bei Beteiligung mit mehr als 15% am Grund- oder Stammkapital, an KGaA, an Kapitalgesellschaften mit Geschäftsleitung oder Sitz im Ausland ab 15% Beteiligung und wenn die Bruttoerträge fast ganz oder ganz aus Tätigkeiten oder Beteiligungen stammen, die unter § 8 Abs. 1 Nr. 1–6 oder Abs. 2 Außensteuergesetz fallen.
		1. Das Bundeseisenbahn-vermögen, Monopolver-waltungen des Bundes, staatliche Lotterieunter-nehmen
		
		2. Bundesbank, Kreditan-stalt für Wiederaufbau, Deutsche Ausgleichsbank sowie ausdrücklich be-nannte Finanzierungs-Kapital- und KSt-befreite Wirtschaftsförderungs-gesellschaften, Bundesan-stalt für vereinigungsbe-dingte Sonderaufgaben
		
		3. Hauberg-, Wald-, Forst- und Laubgenossen-schaften sowie ähnliche Realgemeinden
		
		4. Zweckbetriebe, ausschl. gemeinnützig, mildtätig oder kirchlich
		
		5. Bestimmte land- und forstwirtschaftliche Genossenschaften und Vereine
		
		6. Erwerbs- und Wirtschafts-genossenschaften und Vereine i.S.v § 5 Abs. 1 Nr. 10 KStG, soweit körperschaftsteuerbefreit
		
		7. Rechtsfähige Pensions-, Sterbe-, Kranken- und ähnliche Kassen, soweit körperschaftsteuerbefreit
		
		8. Private Schulen u. Ä. Einrichtungen, sofern um-satzsteuerbefreit
		
		9. Von zuständigen Landes-behörden als gemein-nützig anerkannte Woh-nungs- und Siedlungs-bauunternehmen (Ein-nahmen dürfen Ausgaben nicht übersteigen)
		
		10. Bestimmte Küsten-fischereibetriebe
		
		11. Anerkannte Kapitalbeteili-gungsgesellschaften
		
		12. Gesamthafenbetriebe
		
		13. Öffentlich-rechtliche Kran-kenhäuser, Alten-, Alten-wohn- und Pflegeheime oder soweit als Zweckbe-triebe KSt-befreit
		
		14. gemeinsame Einrichtun-gen der Tarifvertrags-parteien

Gewerbesteuerermittlung nach dem Gewerbeertrag

Rechtsquelle: §§ 7 bis 11 GewStG

Gewerbesteuerermittlung

Besteuerungsgrundlage:

Gewerbeertrag = Steuerlicher Gewinn + Hinzurechnungen ·/. Kürzungen

Auf den Gewerbeertrag sind 3,5 % als Steuermesszahl anzuwenden.

Bei natürlichen Personen sowie bei Personengesellschaften wird der Gewerbeertrag vor Anwendung der Steuermesszahl um einen Freibetrag von 24 500 € gekürzt.

Für wirtschaftliche Geschäftsbetriebe bestimmter juristischer Personen – besonders von Vereinen – wird der Gewerbeertrag vor Anwendung der Steuermesszahl um 3 900 € gekürzt.

Vor Anwendung der Steuermesszahl wird der Gewerbeertrag auf volle 100 € abgerundet.

Erhebungszeitraum ist das Kalenderjahr. Besteht die Gewerbesteuerpflicht nicht während des gesamten Kalenderjahres, so tritt an seine Stelle der Zeitraum der Steuerpflicht (abgekürzter Erhebungszeitraum nach § 14 GewStG).

Ergibt sich ein Gewerbeverlust, so kann er von den Gewerbeerträgen künftiger Jahre wie folgt abgezogen werden (Verlustvortrag § 10 a GewStG):

Der Verlustvortrag ist bis zu 1 Mio. € uneingeschränkt zulässig; der 1 Mio. € übersteigende Gewerbeertrag kann nur zu 60 v. H. gekürzt werden.

Festsetzung der Gewerbesteuer

Rechtsquelle: § 14 ff. GewStG

Steuermessbetrag	Hebesatz	Jahressteuer
Der Steuermessbetrag wird für jeweils ein Kalenderjahr vom Finanzamt nach obigem Schema ermittelt und im Gewerbesteuermessbescheid festgesetzt.	Die hebeberechtigte Gemeinde hat einen Beschluss über den %-Satz, der zur Berechnung der Gewerbesteuer angewandt wird, z. B. 350 %, 400 %, gefasst. Der Hebesatz muss mindestens 200 % betragen.	Steuermessbetrag x Hebesatz der Gemeinde = Jahressteuer Dieser Betrag wird von der Gemeinde im Gewerbesteuerbescheid festgeset

Rechtsquellen: Grundsteuergesetz (GrStG) vom 7. 8. 1973, BGBl. I S. 965, mit laufenden Änderungen

Steuer-gegenstand	Steuerbemessung	Wichtigste Ausnahmen von der Besteuerung	Grundsteuervergünstigung nach Wohnungsbaugesetzen
Land- und forstwirtschaftliche Betriebe Grundstücke einschließlich Betriebsgrundstücke Ab 1991 anstelle eines Betriebes der Land- und Forstwirtschaft auch das zu einer Nutzungseinheit i.S.v. § 125 Abs. 3 BewG zusammengefasste Vermögen, wobei mehrere Nutzer des Vermögens Gesamtschuldner sind.	Maßstab: Einheitswert Steuermesszahl x Einheitswert = Steuermessbetrag Steuermessbetrag x Hebesatz = Jahressteuer Messzahlen: I. bei bebauten Grundstücken (außer Ein- und Zweifamilienhäusern) 3,5 ‰ II. bei Einfamilienhäusern für die ersten 38 346,89 € des Einheitswertes oder eines steuerpflichtigen Teils (ausgenommen Wohnungseigentum und Wohnungserbbaurecht einschließlich des damit belasteten Grundstücks) 2,6 ‰ für den Rest des Einheitswertes 3,5 ‰ III. bei Zweifamilienhäusern 3,1 ‰ IV. bei unbebauten Grundstücken 3,5 ‰ V. bei Betrieben der Land- und Forstwirtschaft 6 ‰ In den neuen Bundesländern gilt ab 1. 1. 1991 zunächst als Bemessungsgrundlage der Einheitswert vom 1. 1. 1935. Liegt kein Einheitswert zum 1. 1. 1935 vor, bemisst sich die Grundsteuer bei 300 % Hebesatz a) für Wohnungen mit Bad/Innen-WC/Sammelheizung auf 1 €/m² Wohnfläche, b) für andere Wohnungen auf 0,75 €/m² Wohnfläche, c) für PKW-Abstellplätze in einer Garage auf 5 €. Die ermäßigten Steuermesszahlen für Einfamilienhäuser gelten nicht für Wohnungseigentum und Wohnungserbbaurechte.	1. Grundbesitz, der von einer inländischen juristischen Person des öffentlichen Rechts für einen öffentlichen Dienst oder Gebrauch benutzt wird. Gilt nicht für Berufsverbände u. ä. 2. Grundbesitz, der vom Bundeseisenbahnvermögen für Verwaltungszwecke benutzt wird 3. Grundbesitz, inländischer Körperschaften, Personenvereinigungen oder Vermögensmassen, die gemeinnützigen und mildtätigen Zwecken dient 4. Grundbesitz der Religionsgemeinschaften, der insbesondere für Gottesdienst oder religiöse Unterweisung bestimmt ist 5. Dienstwohnungen der Geistlichen und Kirchendiener öffentlich-rechtlicher Religionsgemeinschaften sowie deren Grundbesitz, wenn der Ertrag nach Kirchenrecht der Besoldung und Versorgung dieser Personen und ihrer Hinterbliebenen dient 6. Bestattungsplätze 7. Dem öffentlichen Verkehr dienende Straßen, Wege, Plätze, Häfen und Schienenwege einschl. der diesem Verkehr unmittelbar dienenden Bauwerke sowie Verkehrsflughäfen und -landeplätze samt Zubehör und fließende Gewässer einschl. deren Abfluss regelnde Sammelbecken 8. Bestimmte Grundflächen, die der Ordnung und Verbesserung der Wasser- und Bodenverhältnisse dienen 9. Für Wissenschaft, Erziehung und Unterricht benutzter Grundbesitz, sofern der Benutzungszweck im Rahmen der öffentlichen Aufgaben von der Landesregierung anerkannt ist 10. Grundbesitz zu Zwecke einer gemeinnützigen Krankenanstalt bestimmt ist Weiteres siehe §§ 5–8 GrStG	I. Öffentlich geförderte Wohnungen, die auf Grund des Bescheides der Förderungsstelle steuerbegünstigt sind (§ 39 2. Wohnungsbaugesetz) Wohnflächengrenzen: 1. Familienheime mit 1 Wohnung 130 qm 2. Familienheime mit 2 Wohnungen 200 qm 3. Eigentumswohnungen (eigengenutzt) 120 qm 4. andere Wohnungen 90 qm Angemessene Überschreitung ist möglich. II. Steuerbegünstigte Wohnungen (Wohnungen ohne öffentliche Förderung), steuerbegünstigt nach Anerkennung durch Wohnungs- und Siedlungsbehörde, soweit vor dem 1. 1. 1990 bezugsfertig geworden. Wohnflächengrenzen: 20 % höher als zu I (§ 82 2. Wohnungsbaugesetz). Überschreitung möglich, 1. wenn mehr als 4 Personen unterzubringen sind, 2. wenn besondere persönliche oder berufliche Bedürfnisse bestehen (Krankheit, Beruf oder Nebenberuf, in der Wohnung ausgeübt), 3. wenn wirtschaftlich notwendige Grundrissgestaltung Überschreitung erfordert (z. B. Größe der Baulücke). III. Art der Vergünstigung: Messbetrag bestimmt sich für Wohnungen, die nach dem 31. 12. 1973 und vor dem 1. 1. 1990 bezugsfertig geworden sind, auf die Dauer von 10 Jahren nur nach dem maßgebenden Einheitswert, der auf den Grund und Boden entfällt. IV. In den neuen Bundesländern neu geschaffene Wohnungen, die zwischen dem 31. 12. 1980 und dem 1. 1. 1992 bezugsfertig wurden, sind nach näherer Regelung in § 43 GrStG für 10 Jahre ab Bezugsfertigkeit grundsteuerbefreit.

Kapitalwert einer lebenslänglichen Nutzung oder Leistung im Jahresbetrag von 1 € ab 1.1.20

Rechtsquelle: Bewertungsgesetz (BewG) in der Fassung vom 1.2.1991, BGBl I S. 230ff. mit lfd. Änderungen
(Tabelle entnommen aus Anlage zu § 14 BewG)

Der Kapitalwert ist nach der am 20.9.2011 veröffentlichten Sterbetafel 2008/2010 des statistischen Bundesamtes un
Berücksichtigung von Zwischenzinsen und Zinseszinsen mit 5,5 vom Hundert errechnet worden. Der Kapitalwert der Tabe
ist der Mittelwert zwischen dem Kapitalwert für jährl. vorschüssige u. jährl. nachschüssige Zahlungsweise.

Vollendetes Lebensalter in Jahren	Männer	Frauen	Vollendetes Lebensalter in Jahren	Männer	Frauen
0	18,387	18,457	51	14,648	15,479
1	18,376	18,448	52	14,456	15,318
2	18,360	18,436	53	14,257	15,150
3	18,342	18,423	54	14,051	14,973
4	18,324	18,408	55	13,838	14,788
5	18,304	18,394	56	13,617	14,598
6	18,284	18,378	57	13,390	14,397
7	18,262	18,361	58	13,156	14,187
8	18,239	18,344	59	12,914	13,971
9	18,215	18,325	60	12,665	13,743
10	18,189	18,306	61	12,405	13,508
11	18,162	18,285	62	12,140	13,264
12	18,134	18,263	63	11,869	13,009
13	18,104	18,240	64	11,586	12,745
14	18,072	18,216	65	11,295	12,468
15	18,039	18,191	66	10,997	12,182
16	18,004	18,164	67	10,694	11,887
17	17,968	18,136	68	10,376	11,574
18	17,929	18,106	69	10,059	11,255
19	17,889	18,075	70	9,730	10,922
20	17,847	18,042	71	9,393	10,578
21	17,802	18,008	72	9,053	10,224
22	17,756	17,971	73	8,707	9,858
23	17,706	17,933	74	8,359	9,492
24	17,654	17,892	75	8,017	9,110
25	17,599	17,849	76	7,669	8,734
26	17,542	17,804	77	7,321	8,343
27	17,481	17,756	78	6,982	7,954
28	17,417	17,706	79	6,645	7,568
29	17,350	17,653	80	6,318	7,180
30	17,279	17,597	81	5,990	6,792
31	17,204	17,539	82	5,673	6,411
32	17,126	17,477	83	5,363	6,030
33	17,044	17,411	84	5,053	5,666
34	16,956	17,343	85	4,758	5,313
35	16,865	17,271	86	4,472	4,972
36	16,768	17,195	87	4,203	4,646
37	16,668	17,115	88	3,953	4,342
38	16,561	17,031	89	3,730	4,078
39	16,451	16,942	90	3,504	3,818
40	16,333	16,850	91	3,283	3,569
41	16,210	16,752	92	3,067	3,341
42	16,083	16,650	93	2,866	3,126
43	15,947	16,542	94	2,695	2,933
44	15,808	16,430	95	2,532	2,747
45	15,661	16,312	96	2,384	2,584
46	15,508	16,188	97	2,244	2,428
47	15,348	16,058	98	2,111	2,279
48	15,184	15,924	99	1,996	2,147
49	15,011	15,781	100	1,888	2,031
50	14,832	15,633	und darüber		

apitalwert einer wiederkehrenden, zeitlich beschränkten Nutzung oder Leistung
Jahresbetrag von 1 €

echtsquelle: Anlage 9 a zu § 13 BewG (anzuwenden ab 1. 1. 1993). Der Kapitalwert ist unter Berücksichtigung von wischenzinsen und Zinseszinsen mit 5,5 % errechnet worden. Er ist der Mittelwert zwischen dem Kapitalwert für ährlich vorschüssige und jährlich nachschüssige Zahlungsweise.

Laufzeit in Jahren	Kapitalwert	Laufzeit in Jahren	Kapitalwert
1	0,974	51	17,464
2	1,897 [1]	52	17,528
3	2,772	53	17,588
4	3,602	54	17,645
5	4,388	55	17,699
6	5,133	56	17,750
7	5,839	57	17,799
8	6,509	58	17,845
9	7,143	59	17,888
10	7,745	60	17,930
11	8,315	61	17,969
12	8,856	62	18,006
13	9,368	63	18,041
14	9,853	64	18,075
15	10,314	65	18,106
16	10,750	66	18,136
17	11,163	67	18,165
18	11,555	68	18,192
19	11,927	69	18,217
20	12,279	70	18,242
21	12,613	71	18,264
22	12,929	72	18,286
23	13,229	73	18,307
24	13,513	74	18,326
25	13,783	75	18,345
26	14,038	76	18,362
27	14,280	77	18,379
28	14,510	78	18,395
29	14,727	79	18,410
30	14,933	80	18,424
31	15,129	81	18,437
32	15,314	82	18,450
33	15,490	83	18,462
34	15,656	84	18,474
35	15,814	85	18,485
36	15,963	86	18,495
37	16,105	87	18,505
38	16,239	88	18,514
39	16,367	89	18,523
40	16,487	90	18,531
41	16,602	91	18,539
42	16,710	92	18,546
43	16,813	93	18,553
44	16,910	94	18,560
45	17,003	95	18,566
46	17,090	96	18,552
47	17,173	97	18,578
48	17,252	98	18,583
49	17,326	99	18,589
50	17,397	100	18,593
		101	18,598
		mehr als 101	18,600

eändert mit Wirkung vom 1. 1. 1993 (§ 124 Abs. 7 BewG)
urch Gesetz vom 13. 9. 1993, BGBl I S. 1569.

Umsatzsteuersätze nach § 12 UStG

Regelsteuersatz	Begünstigungstatbestände lt. Anlage 2 des Gesetzes	Ermäßigter Steuersatz			
		Wichtige weitere Ermäßigungstatbestände gem. § 12 Abs. 2			
		aus sozialen Gründen	aus kulturpolitischen u.a. Gründen	zur Förderung der Landwirtschaft	für bestimmte zahntechnische Leistungen
Als Regelsteuersatz gilt ab 1.1.2007 der Satz von 19%. Dieser Satz ist anzuwenden, wenn keine abweichende Bestimmung gegeben ist. Daneben gelten: 1. ermäßigter Satz beim Vorliegen bestimmter Ermäßigungstatbestände, die im Gesetz erschöpfend aufgezählt sind von weiterhin 7%. 2. Durchschnittssätze nach § 24 UStG für land- und forstwirtschaftliche Betriebe	Lieferungen, Einfuhr und innergemeinschaftlicher Erwerb sowie Vermietung von Gegenständen der Sonderliste (Anlage 2 des Gesetzes)	1. Leistungen von Körperschaften, die ausschließlich und unmittelbar gemeinnützige, mildtätige oder kirchliche Zwecke außerhalb des Rahmens eines wirtschaftlichen Geschäftsbetriebes verfolgen (§§ 51 bis 68 AO; § 12 Abs. 2 Nr. 8) 2. Mit dem Betrieb von Schwimmbädern verbundene Umsätze sowie die Verabreichung von Heilbädern sowie die Bereitstellung von Kureinrichtungen gegen Kurtaxe (§ 12 Abs. 2 Nr. 9) 3. Beförderung von Personen im Schienenbahnverkehr (außer mit Bergbahnen), im Obusverkehr, im genehmigten Linienverkehr mit Kraftfahrzeugen, im Verkehr mit Taxen und im genehmigten Linienverkehr mit Schiffen sowie Beförderungen im Fährverkehr – innerhalb einer Gemeinde oder – bei Beförderungsstrecken von nicht mehr als 50 km (§ 12 Abs. 2 Nr. 10)	1. Leistungen der Theater, Orchester, Chöre, darbietender Künstler, Museen u.Ä. 2. Filmüberlassung und Filmvorführungen, soweit die Filme nach § 14 Abs. 2 Nr. 1–5 des Jugendschutzgesetzes gekennzeichnet sind oder vor dem 1.1.1970 erstaufgeführt wurden 3. Einräumung, Übertragung und Wahrnehmung von Rechten nach dem Urheberrechtsgesetz. 4. Zirkusvorführungen 5. Leistungen von Schaustellern 6. Umsätze, die sich unmittelbar aus dem Betrieb zoologischer Gärten ergeben (§ 12 Abs. 2 Nr. 7a–d)	1. a) Aufzucht und Halten von Vieh, b) Anzucht von Pflanzen, c) Teilnahme an Leistungsprüfungen für Tiere (§ 12 Abs. 2 Nr. 3) 2. Leistungen, die unmittelbar der Vatertierhaltung, der Förderung der Tierzucht u.ä. sowie der Qualitätsprüfung in der Tierzucht und in der Milchwirtschaft dienen (§ 12 Abs. 2 Nr. 4)	Leistungen aus der Tätigkeit als Zahntechniker sowie Lieferung oder Wiederherstellung von Zahnprothesen und kieferorthopädischen Apparaten, soweit diese in Zahnarztpraxen hergestellt oder wiederhergestellt worden sind (§ 12 Abs. 2 Nr. 6)
					für Hotelübernachtungen
					Nur für Übernachtungskosten, nicht für das Frühstück (§ 12 Abs. 2 Nr. 11)

Entwicklung der Steuersätze:

	bis 30.6.68	bis 31.12.77	bis 30.6.79	bis 30.6.83	bis 31.12.92
Regelsteuersatz	10%	11%	12%	13%	14%
Erm. Steuersatz	5%	5,5%	6%	6,5%	7%

	bis 31.3.98	bis 31.12.06	ab 1.1.07
Regelsteuersatz	15%	16%	19%
Erm. Steuersatz	7%	7%	7%

Zweck der Vorschriften, Anwendungsverzicht	Umsätze im Rahmen eines land- und forstwirtschaftlichen Betriebes	ab 1.1.2007		Zahllast	Folgen für Angaben in der Rechnung
		Umsatzsteuer	Vorsteuer		
Zweck:	1. Lieferungen von forstwirtschaftlichen Erzeugnissen, ausgenommen Sägewerkserzeugnisse (z. B. Rund-, Schicht- und Abfallholz)	5,5	5,5	0	Die Vorschriften über die Ausstellung von Rechnungen (§ 14 UStG) sind mit der Maßgabe anzuwenden, dass den für den Umsatz maßgebliche Durchschnittssatz in der Rechnung zusätzlich anzugeben ist.
1. Begünstigung der land- und forstwirtschaftlichen Umsätze, ohne sie aus dem System der Umsatzbesteuerung herauszunehmen.	2. Lieferungen der in der Anlage zum Umsatzsteuergesetz aufgeführten Sägewerkserzeugnisse (z. B. Schnittholzabfälle, Hobel-, Hack- und Sägespäne), sonstige Leistungen (z. B. Lohnfuhren), Hilfsumsätze (z. B. Verkauf gebrauchter Landmaschinen)	10,7	10,7	0	
2. Weitgehend Entlastung von Aufzeichnungspflichten.	3. Lieferungen (ausgenommen Ausfuhrlieferungen und Umsätze im Ausland) der				
Anwendungsverzicht:	a) in der Anlage zum Umsatzsteuergesetz nicht aufgeführten Sägewerkserzeugnisse (z. B. Kanthölzer, Bohlen, Bretter)	19	10,7	8,3	
Der Unternehmer kann spätestens bis zum 10. Tage eines Kalenderjahres dafür optieren, dass er vom Beginn des vorangegangenen Kalenderjahres an nach den allgemeinen Regeln des Umsatzsteuerrechts behandelt wird (fünfjährige Bindung).	b) in der Anlage zum Umsatzsteuergesetz nicht aufgeführten Getränke (z. B. Wein, Traubenmost, Frucht- und Gemüsesäfte) sowie alkoholische Flüssigkeiten (z. B. reiner Alkohol)	19	10,7	8,3	
	4. Ausfuhrlieferungen und im Ausland bewirkte Umsätze der				
	a) in der Anlage zum Umsatzsteuergesetz nicht aufgeführten Sägewerkserzeugnisse (vgl. Nr. 3 a)	10,7	10,7	0	
	b) Getränke, alkoholische Flüssigkeiten (vgl. Nr. 3 b und Nr. 5)	10,7	10,7	0	
	5. Übrige landwirtschaftliche Umsätze (z. B. Lieferung von Getreide, Vieh, Fleisch, Milch, Obst, Gemüse, Eiern)	10,7	10,7	0	Führt der Unternehmer neben den in Spalte 2 genannten noch andere Umsätze aus, so ist der land- und forstwirtschaftliche Betrieb als gesondert geführter Betrieb zu behandeln. Innergemeinschaftlicher Erwerb ist mit indivdueller Vorsteuer belastet.

Steuersätze und USt-Identifikationsnummer in der Europäischen Union

EU-Mitglied-staaten	Umsatzsteuersätze			Bezeichnung der USt-Identifikationsnummer in der Landessprache	Aufbau der USt-Ident. Nr.	
	ermäßigte Steuersätze	Normal- und Zwischensatz	Nullsatz[2]		Ländercode	weitere Stellen
Belgien	6/12	21	ja	le numéro d'identification à la taxe sur la valeur ajoutée BTW – identificatienummer	BE	10
Bulgarien	9	20	–	Dank dobaweha stoinost	BG	9/10
Dänemark	–	25	ja	momsregistreringsnummer	DK	8
Deutschland	7	19	ja	Umsatzsteuer-Identifikationsnummer	DE	9
Estland	9	20	ja	Käibemaksukohustuslase registreeri – misnumber	EE	9
Finnland	9/13	23	ja	Arvonlisävero numero	FI	8
Frankreich	2,1/5,5	19,6	ja	le numéro d'identification à la taxe sur la valeur ajoutée	FR	11[3]
Griechenland	6,5/13	23		Arithmos Forologikou Mitroou FPA	EL	9
Irland	4,8/13,5	23	ja	value added tax identification number	IE	8
Italien	4/10	21	ja	il numero di registrazione IVA	IT	11
Lettland	12	22	ja	PVN registracijas numurs	LV	11
Litauen	5/9	21	–	Pridetines vertes mo – kescio moketojo kodas	LT	9/12
Luxemburg	3/6/12	15		le numéro d'identification à la taxe sur la valeur ajoutée	LU	8
Malta	5/7	18	ja	–	MT	8
Niederlande	6	19		BTW-identificatienummer	NL	12

EU-Mitglied-staaten	ermäßigte Steuersätze	Normal- und Zwischensatz	Nullsatz[2]	Bezeichnung der USt-Identifikationsnummer in der Landessprache	Ländercode	weitere Stellen
Polen	3/8	23	ja	Numer Identyfikacji podatkowej	PL	10
Portugal[1]	6/13	23	ja	o número de identificaçào para efeitos do imposto sobre o valor acrescentado	PT	9
Rumänien	5/9	24	–	capul de inregistrare in scopul de TVA	RO	2–10
Schweden	6/12	25	ja	Registrerungsnummer för mervärdesskatt (Momsnummer)	SE	12
Slowakei	10	20	ja	identifikacne cislo pre dan	SK	10
Slowenien	8,5	20	–	identifikacijska s evilka za DDV	SI	8
Spanien	4/8	18	ja	el número de identificación a efectos del Impuesto sobre el Valor Añadido	ES	9
Tschechien	10	20	ja	danove identifikacni cislo	CZ	8/9/10
Ungarn	5/18	25	ja	kozössegi adoszam	HU	8
Vereinigtes Königreich	5	20	ja	value added tax identification number	GB	9/12[4]
Zypern	5/8	15	ja	–	CY	9

[1] Azoren, Madeira: 4,9 % und 16 %
[2] Nullsatz = Steuerbefreiung mit Vorsteuerabzug; wird hier nur erwähnt, sofern er außer für Ausfuhrumsätze auch für bestimmte Inlandsumsätze gilt.
[3] Ein Block mit zwei Zeichen, ein Block mit neun Ziffern
[4] Ländercode + zwölfstellige Nummer wird Organgesellschaften

Steuerpflicht und Steuerentstehung bei der Erbschaft- und Schenkungsteuer

Rechtsquelle: Erbschaft- und Schenkungsteuergesetz (ErbStG) i.d.F. vom 27. 2. 1997, BGBl. I S. 378, zuletzt geändert durch das Erbschaftsteuerreformgesetz (ErbStRG) vom 24. 12. 2008, BGBl. I S. 3018

Steuerpflichtige Vorgänge (§ 1)			Entstehung der Steuer (§ 9)
Erwerb von Todes wegen (§ 3)	Wichtigste Fälle der Schenkungen unter Lebenden (§ 7)	Sonstige Vorgänge (§ 8)	

1. Erwerb
  a) durch Erbanfall
  b) durch Vermächtnis
  c) auf Grund geltend gemachten Pflichtteilsanspruchs
2. Erwerb durch Schenkung auf den Todesfall
3. sonstige Erwerbe, auf die das Recht über Vermächtnisse anzuwenden ist.
4. Vermögensvorteile, die durch Vertrag des Erblassers bei seinem Tode von Dritten unmittelbar erworben werden.
 	
Als vom Erblasser zugewendet gilt u. a. auch
1. Vermögensübergang auf eine vom Erblasser angeordnete Stiftung
2. ein Erwerb, der infolge Vollziehung einer vom Erblasser angeordneten Auflage erfolgt
3. Abfindung für Verzicht auf Pflichtteilsanspruch oder für Ausschlagung einer Erbschaft bzw. für Ersatzanspruchs oder für die Zurückweisung eines Rechts aus einem Vertrag des Erblassers zugunsten Dritter
4. Entgelt für die Übertragung der Anwartschaft eines Nacherben
5. was ein Vertragserbe auf Grund beeinträchtigender Schenkungen des Erblasser (§ 2287 BGB) vom Beschenkten nach den Vorschriften über die ungerechtfertigte Bereicherung erlangt
6. was jemand dadurch erlangt, dass bei Genehmigung einer Zuwendung des Erblassers Leistungen an andere Personen angeordnet oder freiwillig übernommen werden.
	1. Freiwillige Zuwendungen, die den Bedachten auf Kosten des Zuwenders bereichern
	2. was jemand ohne Gegenleistung infolge der Auflage eines Schenkers vom Beschenkten erlangt
	3. die Bereicherung, die ein Ehegatte oder ein Lebenspartner bei Vereinbarung der Gütergemeinschaft erfährt
	4. Abfindungen für einen Erbverzicht
	5. was Vorerben den Nacherben mit Rücksicht auf Nacherbschaft vorzeitig herausgeben
	6. Vermögensübergang infolge eines Stiftungsgeschäfts unter Lebenden
	7. Erwerbe bei Aufhebung einer Stiftung oder bei Auflösung eines Vereins, der Vermögensbindung bezweckt
	8. Erwerbe, die jemand durch Genehmigung einer Schenkung an andere Personen als angeordnete Leistung oder durch freiwillige Übernahme erhält
		1. Zweckzuwendungen
		Zuwendungen
		  a) von Todes wegen
		  b) freigebige Zuwendungen unter Lebenden, die entweder gemäß Auflage verbindliche Zweckbestimmung haben oder von der Verwendung zugunsten eines bestimmten Zwecks abhängig sind.
		
		2. Zeitablauf von Stiftungen
		Vermögen einer Stiftung, sofern sie wesentlich im Familieninteresse auf Vermögensbildung gerichtet ist, steuerpflichtig in Zeitabständen von 30 Jahren.
			1. Bei Erwerben von Todes wegen mit dem Tode des Erblassers, jedoch z. B.
			  a) für Erwerbe des unter eine aufschiebenden Bedingung, unter einer Betagung u. ä. mit dem Zeitpunkt de Eintritts der Bedingung
			  b) für Erwerb aus Pflichtteilsanspruch mit dem Zeitpunkt der Geltendmachun
			  c) der Vermögensübergang auf eine Stiftung mit Genehmigung der Stiftung
			  d) mit Erwerb infolge Vollziehung einer Auflage des Erblassers mit dem Zeitpunkt der Vollziehung
			  e) mit dem Verzicht auf Pflichtteilsanspruch oder Ausschlagung einer Erbschaft
			  f) mit Nacherbfolge
			2. bei Schenkungen unter Lebenden mit dem Zeitpunkt der Ausführung der Zuwendung
			3. bei Zweckzuwendungen mit dem Zeitpunkt des Eintritts d Verpflichtung des Beschwerten
			4. bei Zeitablauf von Stiftungen nach 30 Jahren im entsprechenden Zeitpunkt des Ablaufs
			5. im Fall der Herausgabe des durch beeinträchtigende Schenkung Erlangten gilt de Zeitpunkt der Geltendmachung des Anspruchs als Erwerb.

Rechtsquelle: Erbschaft- und Schenkungsteuergesetz (ErbStG) i.d.F. vom 27. 2. 1997, BGBl. I S. 378, zuletzt geändert durch Artikel 14 des Gesetzes vom 8. 12. 2010, BGBl. I S. 1768

Wert des steuer-pflichtigen Erwerbs[1] bis einschließlich €	Steuersätze der einzelnen Steuerklassen in %		
	I	II	III
75 000	7	15	30
300 000	11	20	30
600 000	15	25	30
6 000 000	19	30	30
12 000 000	23	35	50
26 000 000	27	40	50
über 26 000 000	30	43	50

	Einordnung der Erwerber in die einzelnen Steuerklassen		
	I	II	III
	1. Ehegatte und Lebenspartner	1. Eltern und Voreltern, soweit sie nicht in Steuerklasse I gehören	Alle übrigen Erwerber und die Zweckzuwendungen
	2. Kinder und Stiefkinder	2. Geschwister	
	3. Abkömmlinge der in Nr. 2 genannten Kinder und Stiefkinder	3. Abkömmlinge ersten Grades von Geschwistern	
	4. Eltern und Voreltern bei Erwerben von Todes wegen	4. Stiefeltern	
		5. Schwiegerkinder	
		6. Schwiegereltern	
		7. geschiedene Ehegatten und Lebenspartner einer aufgehobenen Lebenspartnerschaft	

Milderungsvorschrift für steuerpflichtige Erwerbe, deren Höhe zwischen den einzelnen Wertgrenzen liegt:

Der Unterschied zwischen der Steuer laut obenstehendem Tarif und der Steuer, die zu berechnen wäre, wenn der Erwerb die ihm vorangehende Wertgrenze nicht überstiegen hätte, wird nur erhoben, wenn er

bei einem Steuersatz bis 30 % aus der Hälfte,
bei einem Steuersatz über 30 % aus drei Vierteln,

des die Wertgrenze übersteigenden Betrages gedeckt werden kann.

Beispiel für die Steuerberechnung bei Anwendung der Milderungsvorschrift:

steuerpflichtiger Erwerb durch ein Enkelkind (Steuerklasse I)	75 000 €	76 000 €
Tarifsatz	7 %	11 %
Steuerbetrag nach Tarifsatz	5 250 €	8 250 €
die Wertgrenze übersteigender Betrag des Erwerbs		1 000 €
hiervon die Hälfte		500 €
Steuerbetrag gemäß Milderungsvorschrift		5 750 €

Als steuerpflichtiger Erwerb gilt die Bereicherung des Erwerbers, soweit sie nicht steuerfrei ist.

Freibeträge, Steuerermäßigungen und Stundungen bei der Erbschaft- und Schenkungsteuer

Rechtsquelle: Erbschaft- und Schenkungsteuergesetz (ErbStG) i.d.F. vom 27. 2. 1997, BGBl. I S. 378, zuletzt geändert durch Artikel 14 des Gesetzes vom 8.12. 2010, BGBl. I S. 1768

Freibeträge		Steuerermäßigungen (§§ 26, 27)	Stundung (§§ 28, 29)
Allgemeine Freibeträge (§ 16)	Versorgungsfreibeträge (§ 17)		
1. Ehegatte und Lebenspartner 500 000 € 2. Kinder im Sinne der Steuerklasse I Nr. 2 und der Kinder verstorbener Kinder im Sinne der Steuerklasse I Nr. 2 400 000 € 3. Kinder der Kinder im Sinne der Steuerklasse I Nr. 2 200 000 € 4. übrige Personen der Steuerklasse I 100 000 € 5. Personen der Steuerklasse II 20 000 € 6. (weggefallen) 7. Personen der Steuerklasse III 20 000 € Bei beschränkter Steuerpflicht (Besteuerung des Inlandsvermögens) Freibetrag 2 000 €. Für Kosten der Bestattung des Erblassers, angemessenes Denkmal- und übrige Grabpflege dürfen insgesamt 10 300 € ohne Nachweis abgezogen werden (§ 10 Abs. 5). Die Vererbung von Betriebsvermögen oder von Anteilen an Kapitalgesellschaften bleibt – auch bei vorweggenommener Erbfolge – außer Ansatz (Verschonungsabschlag). Voraussetzung: Der Erbe oder Beschenkte muss den Betrieb mindestens 5 Jahre weiterführen und die Arbeitsplätze erhalten (Näheres §§ 13a–c ErbStG).	Neben dem allgemeinen Freibetrag werden gewährt 1. für einen überlebenden Ehegatten und für einen überlebenden Lebenspartner 256 000 € 2. für Kinder im Sinne der Steuerklasse I Nr. 2 – bei einem Alter bis zu 5 Jahren 52 000 € – bei einem Alter von mehr als 5 bis zu 10 Jahren 41 000 € – bei einem Alter von mehr als 10 bis zu 15 Jahren 30 700 € – bei einem Alter von mehr als 15 bis zu 20 Jahren 20 500 € – bei einem Alter von mehr als 20 bis zu 27 Jahren 10 300 € Einschränkung: – Kürzung des Freibetrages bei Vorliegen erbschaftsteuerfreier Versorgungsbezüge um deren Kapitalwert. Berechnungsverfahren siehe S. 64. Dabei ist bei Kindern bei der Kapitalwertbestimmung von der am Stichtag voraussichtlichen Dauer der Bezüge auszugehen.	Steuerermäßigungen ergeben sich, 1. wenn Personen der Steuerklassen I von Todes wegen Vermögen anfällt, das in den letzten 10 Jahren vor der Erwerb bereits von Personen dieser Steuerklasse steuerpflichtig erworben wurde[1] Höhe der Ermäßigung bei einer Zwischenzeit – bis zu 1 Jahr 50 % – von mehr als 1 bis zu 2 Jahren 45 % – von mehr als 2 bis zu 3 Jahren 40 % – von mehr als 3 bis zu 4 Jahren 35 % – von mehr als 4 bis zu 5 Jahren 30 % – von mehr als 5 bis zu 6 Jahren 25 % – von mehr als 6 bis zu 8 Jahren 20 % – von mehr als 8 bis zu 10 Jahren 10 % 2. wenn Familienstiftungen aufgehoben werden – nach nicht mehr als 2 Jahren 50 % – nach mehr als 2 Jahren und nicht mehr als 4 Jahren 25 %	Stundung der Steuer auf Erwerb von 1. Betriebsvermögen 2. land- und forstwirtschaftlichem Vermögen bis zu 10 Jahren, insoweit, als dies zur Erhaltung des Betriebes notwendig ist. Bei Erwerb von Vermögen, dessen Nutzungen dem Schenker oder dem Ehegatten des Erblassers (Schenkers) zustehen oder die mit einer Rentenverpflichtung oder mit der Verpflichtung zu sonstigen wiederkehrenden Leistungen zugunsten dieser Personen belastet ist, wird ohne Berücksichtigung dieser Belastungen besteuert. Die auf den Kapitalwert der Belastung entfallende Steuer ist bis zu deren Erlöschen zinsfrei zu stunden. Die gestundete Steuer kann auf Antrag des Erwerbers jederzeit mit ihrem Barwert nach § 12 Abs. 3 BewG abgelöst werden. Veräußerung des belasteten Vermögens beendet ...

Steuerart	Jan.	Febr.	März	April	Mai	Juni	Juli	Aug.	Sept.	Okt.	Nov.	Dez.
Kalendermäßig feststehende Termine												
Einkommensteuer			10.			10.			10.			10.
Gewerbesteuer		15.		15.				15.			15.	
Grundsteuer												
Vierteljahreszahler		15.		15.				15.			15.	
Halbjahreszahler		15.						15.				
Jahreszahler								15.				
Kirchensteuer, veranlagte			10.			10.			10.			10.
Körperschaftsteuer			10.			10.			10.			10.
Lohnsteuer einschließlich Kirchenlohnsteuer												
Monatszahler	10.	10.	10.	10.	10.	10.	10.	10.	10.	10.	10.	10.
Vierteljahreszahler	10.			10.			10.			10.		
Jahreszahler	10.											
Umsatzsteuer[2]												
Monatszahler	10.	10.	10.	10.	10.	10.	10.	10.	10.	10.	10.	10.
Vierteljahreszahler	10.			10.			10.			10.		
Zusammenfassende Meldung[3]	10.			10.			10.			10.		

Vom Eintritt der Steuerpflicht abhängige Termine

Grunderwerbsteuer — Fällig einen Monat nach Bekanntgabe des Steuerbescheids. Verlängerung der Zahlungsfrist möglich.

Kapitalertragsteuer — Fällig bis zum 10. des auf das Zufließen des Kapitalertrages an den Gläubiger folgenden Kalendermonats; abzuführen durch den Schuldner des Kapitalertrages.

Kraftfahrzeugsteuer — Fällig mit Zulassung vor Aushändigung bzw. Wiederaushändigung des Kfz-Scheines.

Die Steuer ist jeweils für die Dauer eines Jahres im voraus zu zahlen. Sie darf,

– wenn die Jahressteuer mehr als 500 € beträgt, auch für die Dauer eines Halbjahres (Zuschlag 3 % auf die Hälfte der Jahressteuer), und

– wenn die Jahressteuer mehr als 1000 € beträgt, auch für die Dauer eines Vierteljahres (Zuschlag 6 % auf ein Viertel der Jahressteuer)

entrichtet werden. Die sich dann ergebenden €-Beträge werden nach unten auf volle € abgerundet.

[1] Wenn die Steuertermine auf einen Sonn- oder Feiertag oder auf einen Sonnabend fallen, so hat die Zahlung am nächstfolgenden Werktag zu geschehen. Ein Säumniszuschlag wird erst erhoben, wenn die Steuer nicht spätestens am dritten Tage nach dem regulären Zahlungstermin beim Finanzamt bzw. der gemeindlichen Steuerkasse eingehen. Die dreitägige Zahlungsschonfrist gilt nicht bei Scheck- und Barzahlungen.

[2] Gemäß §§ 46 und 47 UStDV Verlängerung der Abgabefrist und der Steuerentrichtung um einen Monat auf Antrag möglich (sog. Dauerfristverlängerung). Voraussetzung ist bei Monatszahlern, dass eine Abschlagszahlung angemeldet und geleistet wird ($^1/_{11}$ der Summe der Vorauszahlungen des vorangegangenen Kalenderjahres). Verrechnung der Abschlagszahlung mit der letzten Vorauszahlung des Jahres.

[3] Bei Dauerfristverlängerung: 10. 2., 10. 5., 10. 8., 10. 11. (Ab 1. 7. 2010 ist monatliche Abgabe vorgesehen.)

Größenklassen der Betriebe für die steuerliche Außenprüfung (ab 1. 1. 2010)

Schreiben des BdF an die Finanzminister der Länder vom 24. 8. 2009, BStBl 2009 I S. 887 (Die Größenmerkmale gelten für den 20. Prüfungsturnus von 2010 bis einschl. 2012.)

Die Größenklassen sind maßgeblich für Prüfungszeitraum und Prüfungsabstände. Entscheidend für die Größenklasseneinordnung sind die Verhältnisse im Zeitpunkt der Prüfungsanordnung.

Betriebsart[1]	Betriebsmerkmale	Großbetriebe (G) €		Mittelbetriebe (M) €		Kleinbetriebe (K) €	
Handelsbetriebe (H)	Umsatzerlöse oder	über	6,9 Mio.	über	840 000	über	160 000
	steuerlicher Gewinn	über	265 000	über	53 000	über	34 000
Fertigungsbetriebe (F)	Umsatzerlöse oder	über	4,0 Mio.	über	480 000	über	160 000
	steuerlicher Gewinn	über	235 000	über	53 000	über	34 000
Freie Berufe (FB)	Umsatzerlöse oder	über	4,3 Mio.	über	790 000	über	160 000
	steuerlicher Gewinn	über	540 000	über	123 000	über	34 000
Andere Leistungsbetriebe (AL)	Umsatzerlöse oder	über	5,3 Mio.	über	710 000	über	160 000
	steuerlicher Gewinn	über	305 000	über	59 000	über	34 000
Kreditinstitute (K)	Aktivvermögen oder	über	128 Mio.	über	33 Mio.	über	10 Mio.
	steuerlicher Gewinn	über	530 000	über	180 000	über	43 000
Versicherungs-unternehmen[2] (V)	Jahresprämieneinnahmen	über	28 Mio.	über	4,6 Mio.	über	1,7 Mio.
Land- und forstwirtschaft-liche Betriebe (LuF)	Wirtschaftswert der selbst bewirtschafteten Fläche	über	210 000	über	100 000	über	44 000
	oder steuerlicher Gewinn	über	116 000	über	60 000	über	34 000

[1] Die Zuordnung nach Betriebsarten richtet sich nach der Klassifikation der Wirtschaftszweige.

[2] Pensionskassen sind entsprechend den Merkmalen von Versicherungsunternehmen einzuordnen; alle Unterstützungskassen sind wie Kleinbetriebe einzustufen.

sonstige Fallart	Erfassungsmerkmale	nachrichtliche Erfassung in der Betriebskartei wie ein Großbetrieb
Verlustzuweisungsgesellschaften (VZG)	Personenzusammenschlüsse i. S. der Nr. 1.2 des BMF-Schreibens vom 13. 7. 1992 (BStBl 1992 I S. 404)	alle
Bauherrengemeinschaften (BHG)	Gesamtobjekte i. S. der Nr. 1.3 des BMF-Schreibens vom 13. 7. 1992 (BStBl 1992 I S. 404)	alle
bedeutende steuerbegünstigte Körperschaften und Berufsverbände (BKÖ)	Summe der Einnahmen	über 6 Mio. €
Fälle mit bedeutenden	Summe der Einkünfte gem.	über 500 000 €

Prüfungszeiträume und Prüfungsabstände für die steuerliche Außenprüfung

Prüfungszeitraum nach § 4 BpO (St)		Prüfungsabstände
Großbetriebe	Andere Betriebe	In der Regel besteht ein Prüfungsturnus von 4 bis 6 Jahren. Erstrebt wird ein Abstand von 3 bis 4 Jahren. Kleinst- und Kleinbetriebe werden häufig überhaupt nicht geprüft. Bei nicht gesicherter Feststellung der Besteuerungsgrundlagen, nicht unerheblichen Nachforderungen/Vergütungen, Verdacht auf Steuerstraftat -ordnungswidrigkeit ist ein zeitlich weiteres Zurückgehen zulässig.
Beginn im Anschluss an den vorhergehenden Prüfungszeitraum. Prüfungslücken entfallen hier.	In der Regel nicht über die letzten drei Besteuerungszeiträume hinaus zurückreichend, für die vor Bekanntgabe der Prüfungsanordnung Ertragsteuererklärungen abgegeben worden sind. Prüfungslücken sind möglich.	

II. Rechnungswesen

Rechtsquelle: Handelsgesetzbuch (HGB), geändert durch das Bilanzrechtsmodernisierungsgesetz (BilMoG) vom 25.5.2009, BGBl. I S. 1102

Fundstelle im HGB	Inhalt des Wahlrechts	Bemerkungen
	I. Aktivierungsgrenzen	
§ 248 Abs. 2	*Immaterielle Vermögensgegenstände*	Herstellungskosten eines selbstgeschaffene immateriellen Vermögensgegenstandes des Anlagevermögens sind die bei der Entwicklung anfallenden Aufwendungen nach § 255 Abs. 2 HGB.
	Selbstgeschaffene immaterielle Vermögensgegenstände des Anlagevermögens können als Aktivposten in die Bilanz aufgenommen werden.	
	Nicht aufgenommen werden dürfen selbst geschaffene Marken, Drucktitel, Verlagsrechte, Kundenlisten oder vergleichbare immaterielle Vermögensgegenstände des Anlagevermögens.	Können Forschung und Entwicklung nicht verlässlich unterschieden werden, ist eine Aktivierung ausgeschlossen (§ 255 Abs. 2a HGB).
§ 255 Abs. 2	*Herstellungskosten*	Anpassung an den steuerrechtlichen Herstellungskostenbegriff R. 6.3 EStR
	Außer der obligatorischen Bewertung mit Einzelkosten für Material, Fertigung, Sonderkosten der Fertigung, angemessene Teile der Material- und Fertigungsgemeinkosten sowie des leistungsbedingten Wertverzehrs des Anlagevermögens dürfen auch aktiviert werden:	Erstmals für Herstellungsvorgänge anwendbar, die in dem nach dem 31.12.2009 beginnenden Geschäftsjahr begonnen wurden (Artikel 66 Abs. 3 Satz 3 EGHGB).
	– angemessene Teile der Kosten der allgemeinen Verwaltung,	Die Aufwendungen müssen auf den Fertigungszeitraum entfallen.
	– angemessene Aufwendungen für soziale Einrichtungen des Betriebes,	Bilanzierungsfähig als Herstellungskosten sind auch Fremdkapitalzinsen zur Finanzierung der Herstellung eines Vermögensgegenstandes.
	– angemessene Teile für freiwillige soziale Leistungen des Betriebes und für die betriebliche Altersversorgung.	Kapitalgesellschaften müssen die Einbeziehung von Zinsen für Fremdkapital im Anhang angeben (§ 284 Abs. 2 Nr. 5 HGB).
§ 274 Abs. 1	*Latente Steuern*	Der Betrag der künftigen Steuerentlastung ist mit dem unternehmensindividuellen Steuersatz im Zeitpunkt des Abbaus der Differenz zu bewerten und nicht abzuzinsen (§ 274 Abs. 2 HGB).
	Bestehen Unterschiede zwischen den handelsrechtlichen Wertansätzen einzelner Vermögensgegenstände, Schulden und Rechnungsabgrenzungsposten und ihren steuerlichen Wertansätzen, die sich in späteren Geschäftsjahren voraussichtlich abbauen, kann eine sich daraus insgesamt ergebende Steuerentlastung als aktive latente Steuern in der Bilanz angesetzt werden.	
	Bei Ausübung des Ansatzwahlrechts sind bei den aktiven latenten Steuern die steuerlichen Verlustvorträge zu berücksichtigen, wenn dafür innerhalb der nächsten fünf Jahre eine Verlustverrechnung zu erwarten ist.	Bei Konzernbilanzen besteht auch für aktive latente Steuern eine Ansatzpflicht (§ 306 HGB).
	II. Abschreibungen	
§ 253 Abs. 3 Satz 4	*Außerplanmäßige Abschreibungen*	Es besteht ein Wertaufholungsgebot. Ausnahme: Ein niedrigerer Wertansatz eines entgeltlich erworbenen Firmen- oder Geschäftswertes ist beizubehalten (§ 253 Abs. 5 HGB).
	Außerplanmäßige Abschreibungen bei voraussichtlich vorübergehender Wertminderung beim Anlagevermögen auf Finanzanlagen.	

Bewertungswahlrechte für den Ansatz bestimmter Bilanzposten (Fortsetzung)

Fundstelle im HGB	Inhalt des Wahlrechts	Bemerkungen
	III. Bewertungsverfahren	
§ 240 Abs. 3	*Festbewertung*	Körperliche Bestandsaufnahme ist in der Regel alle drei Jahre sowie bei Mengenerhöhungen über 10% erforderlich.
	Vermögensgegenstände des Sachanlagevermögens sowie Roh-, Hilfs- und Betriebsstoffe können mit einer gleichbleibenden Menge und mit einem gleichbleibenden Wert angesetzt werden.	

	Voraussetzungen:
	– regelmäßiger Ersatz,
	– Gesamtwert für das Unternehmen von nachrangiger Bedeutung,
	– geringe Veränderungen des Bestands in
	  – Größe
	  – Wert und
	  – Zusammensetzung.	

§ 240 Abs. 4	*Gruppenbewertung*	Kapitalgesellschaften haben im Anhang die Angaben nach § 284 Abs. 2 Nr. 4 HGB aufzunehmen, wenn die Bewertung mittels dieses Verfahrens im Vergleich zu einer Bewertung auf der Grundlage des letzten vor dem Abschlussstichtag bekannten Börsenkurses oder Marktpreises einen erheblichen Unterschied aufweist.
	– Gleichartige Vermögensgegenstände des Vorratsvermögens sowie – andere gleichartige bewegliche Vermögensgegenstände oder – annähernd gleichwertige bewegliche Vermögensgegenstände und Schulden	
	können jeweils zu einer Gruppe zusammengefasst und mit dem gewogenen Durchschnittswert angesetzt werden.	
§ 256	*Verbrauchsfolgeverfahren*	Kapitalgesellschaften haben im Anhang die Angaben nach § 284 Abs. 2 Nr. 4 HGB aufzunehmen, wenn die Bewertung mittels dieses Verfahrens im Vergleich zu einer Bewertung auf der Grundlage des letzten vor dem Abschlussstichtag bekannten Börsenkurses oder Marktpreises einen erheblichen Unterschied aufweist.
	Soweit es den GoB entspricht, kann für den Wertansatz gleichartiger Vermögensgegenstände des Vorratsvermögens unterstellt werden, dass die zuerst oder dass die zuletzt angeschafften oder hergestellten Vermögensgegenstände zuerst verbraucht oder veräußert worden sind (z.B. Fifo-Verfahren, Lifo-Verfahren).	Steuerlich ist nur das Lifo-Verfahren zulässig (§ 6 Abs. 1 Nr. 2a EStG).
§ 253 Abs. 2	**IV. Zugrunde zu legender Abzinsungssatz**	Der anzuwendende Abzinsungssatz wird von der Deutschen Bundesbank nach Maßgabe einer Rechtsverordnung ermittelt und monatlich bekannt gegeben.
	Bewertung von Pensionsrückstellungen	
	Rückstellungen für Altersversorgungsverpflichtungen oder vergleichbare langfristig fällige Verpflichtungen dürfen – statt mit dem durchschnittlichen Marktzinssatz der vergangenen 7 Geschäftsjahre – pauschal mit dem durchschnittlichen Marktzinssatz abgezinst werden, der sich bei einer angenommenen Restlaufzeit von 15 Jahren ergibt. Das gilt auch für auf Rentenverpflichtungen beruhende Verbindlichkeiten, für die eine Gegenleistung nicht mehr zu erwarten ist.	Im Anhang sind das angewandte versicherungsmathematische Berechnungsverfahren sowie die grundlegenden Annahmen der Berechnung, wie Zinssatz, erwartete Lohn- und Gehaltssteigerungen und zugrunde gelegte Sterbetafeln zu erläutern (§ 285 Satz 1 Nr. 24 HGB).
		Steuerrechtlich ist die Abzinsung mit 5,5% bzw. mit 6% vorzunehmen (§ 6 Abs. 1 Nr. 3a Buchst. e, § 6a Abs. 3 Satz 3 EStG).

Bestimmungsgründe für die Nutzungsdauer eines Wirtschaftsgutes	Abschreibungssätze	AfA in gleichen Jahresbeträgen = lineare AfA = Regelfall (§ 7 Abs. 1 EStG)	AfA in fallenden Jahresbeträgen = degressive AfA		Leistungsproportionale AfA (§ 7 Abs. 1 Satz 6 EStG)
			AfA vom Restbuchwert bei gleichbleibendem Abschreibungssatz (§ 7 Abs. 2 Satz 1 EStG)	Sonstige AfA degressiver AfA (§ 7 Abs. 5 Satz 1 EStG)	
1	2	3	4	5	6
1. *Technische Abnutzung:* – Beanspruchungsdauer (einschichtig, mehrschichtig, gefahrene km eines Fahrzeugs). – Beanspruchungsintensität (Drehzahl der Maschinen, Geschwindigkeit des Kraftwagens, Härte des zu bearbeitenden Materials, Belastung). – Art der Bedienung (Fachkenntnis und Sorgfalt des Bedienungspersonals, gleichbleibende oder wechselnde Bedienung). – Anlagenpflege (Abschmieren, Reinigen, Kühlen). u. a. 2. *Natürlicher Verschleiß:* – Klimatische Bedingungen (Feuchtigkeit, Temperatur). – Standortbedingungen (Bodenbeschaffenheit). – Anfälligkeit der Anlage (gegen Rost, Fäulnis u. a.). – Art und Pflege des Verschleißschutzes (Anstrich, Isolation). 3. *Wirtschaftliche Entwertung:* – Entwicklungstempo der Technik. – Investitionstätigkeit der Konkurrenzunternehmen. – tatsächliche Möglichkeit von Neuinvestitionen.	1. *Maßgebliche Nutzungsdauer:* Bei Bemessung der AfA hat die wirtschaftliche gegenüber der technischen Nutzungsdauer den Vorrang. Infolge des technischen Fortschritts ist die wirtschaftliche Nutzungsdauer meist kürzer als die technisch mögliche. Wirtschaftliche Nutzungsdauer = Zeitraum, in dem das Wirtschaftsgut für den Betrieb nutzungsfähig ist. Technische Nutzungsdauer = Zeitraum, in dem das Wirtschaftsgut überhaupt verwendungsfähig ist. 2. *Beginn der AfA:* Es ist ab 2004 nicht mehr zulässig, dass in der in der ersten Hälfte eines Jahres angeschafften oder hergestellten beweglichen Anlagegüter der volle Jahresbetrag angesetzt wird, für die in der zweiten Hälfte beschafften die halben Jahresbeträge; nunmehr ist monatsgenaue Abschreibung vorgeschrieben. 3. *Verpflichtung zur AfA:* AfA darf nicht unterlassen werden (sonst Änderung von Amts wegen). Dennoch unterlassene AfA ist nicht nachholbar, wenn zwecks Steuerumgehung unterlassen: sonst Verteilung nach Restnutzungsdauer. 4. *Fehlschätzungen:* Bei falsch geschätzter AfA ist der Fehler nicht reparierbar. Restnutzungsdauer ist neu festzustellen, Restbuchwert ist auf sie zu verteilen. 5. *Maßgeblichkeit der Handelsbilanz:* AfA-Methode und -Höhe der Steuerbilanz richtet sich in der Regel nach der Handelsbilanz. § 5 Abs. 1 Satz 2 EStG.	*Voraussetzung:* Wirtschaftsgüter, deren Verwendung oder Nutzung sich erfahrungsgemäß auf mehr als ein Jahr erstreckt. *Berechnung:* Jeweils für ein Jahr der Teil der Anschaffungs- oder Herstellungskosten, der bei gleichmäßiger Verteilung auf die Gesamtdauer der Nutzung auf das Jahr entfällt. *Formel:* Anschaffungskosten / Zahl der Nutzungsjahre Anzuwenden bis zum Erinnerungswert von 1 €. Falls des Schrottwert ins Gewicht fällt, ist er als Endwert zu berücksichtigen. Soweit in Vorschriften über Sonderabschreibungen nichts anderes gesagt ist, sind neben Sonderabschreibung die lineare Normal-AfA oder Abschreibung nach Substanzverzehr.	*Voraussetzung und Zulässigkeit:* 1. Anwendbar auf bewegliche Güter des Anlagevermögens. 2. Der Prozentsatz darf höchstens das Zweifache des bei gleichbleibender Absetzung angewandten Satzes betragen und 20 % nicht übersteigen. 3. Der Übergang von AfA in fallenden Jahresbeträgen zur AfA in gleichen Jahresbeträgen ist zulässig. Maßgeblich für die Bemessung im Zeitpunkt des Übergangs sind dann a) der noch vorhandene Restwert, b) die Restnutzungsdauer, er des Wirtschaftsgutes. 4. Der Übergang von der linearen Absetzung zur degressiven ist nicht zulässig. 5. Neben der Abschreibung vom Buchrestwert sind Abschreibungen für außergewöhnliche technische oder wirtschaftliche Abnutzung nicht zulässig. 6. Für 2008 angeschaffte oder hergestellte bewegliche Wirtschaftsgüter nicht möglich, ab 2009 wieder in Kraft gesetzt.	*Voraussetzung und Zulässigkeit:* Möglicher Fall ist eine AfA mit fallenden vorgeschriebenen Staffelsätzen bei im Inland belegenen Wirtschaftsgütern, die vom Steuerpflichtigen hergestellt oder bis zum Ende des Jahres der Fertigstellung angeschafft worden sind und für die der Bauantrag nach dem 28. 2. 1989 lag. Bei Anschaffung darf der Vorgänger noch keine AfA nach § 7 Abs. 5 EStG, erhöhte Absetzung oder Sonderabschreibung in Anspruch genommen haben. Bei Wohngebäuden im Betriebsvermögen nur noch bei Bauantrag oder Kaufvertrag vor dem 1.1.1995 möglich; bei Wohngebäuden im Privatvermögen ab 1.1.1996 reduzierte Sätze, ab 2006 gestrichen.	1. Bei Begründung kann die AfA entsprechend der Leistung des beweglichen Wirtschaftsgutes vorgenommen werden. 2. Voraussetzung: Der auf das einzelne Jahr entfallende Umfang der Leistung ist nachzuweisen. Absetzungen für außergewöhnliche technische oder wirtschaftliche Abnutzung sind daneben zulässig.

¹⁾ Absetzungen auf Gebäude siehe Seite 80 f.

Normale Absetzungen von Gebäuden (außer von selbstgenutztem Wohneigentum)

Allgemeine Regelung (§ 7 EStG in Verb. mit § 52 EStG)					
Zeitpunkt der Fertigstellung				Zeitpunkt der Fertigstellung oder Anschaffung	
vor dem 1.1.1925	nach dem 31.12.1924	nach dem 31.12.1964 und vor dem 31.8.1977 alternativ zu Spalte 2	nach dem 31.8.1977 und vor dem 1.1.1979	nach dem 31.12.1978 und vor dem 30.7.1981	nach dem 29.7.1981 und vor dem 19.12.1985
1	2	3	4	5	6
I. Gültig für alle Gebäude: Absetzung jährlich 2½ % der Anschaffungs- oder Herstellungskosten Falls die Nutzungsdauer weniger als 40 Jahre beträgt, so können an Stelle der o. g. Absetzungen die der tatsächlichen Nutzungsdauer entsprechenden Absetzungen für Abnutzung vorgenommen werden. II. Gültig nur für zum Betriebsvermögen gehörige und nicht Wohnzwecken dienende Gebäude (Wirtschaftsgebäude), bei denen Baugenehmigungsantrag nach dem 31. 3. 1985 gestellt wurde; 4 % der Anschaffungs- oder Herstellungskosten. Bei Anschaffung oder Herstellung ab 2001: 3 % der Anschaffungs- oder Herstellungskosten	Absetzung jährlich 2 % der Anschaffungs- oder Herstellungskosten Falls die Nutzungsdauer weniger als 50 Jahre beträgt,	Bei Gebäuden und Eigentumswohnungen, die nach dem 31.12.1964 fertiggestellt worden sind und I. bei denen der Baunehmigungsantrag vor dem 9. 5. 1973 gestellt wurde oder II. bei denen mehr als 66⅔ % auf Wohnungen entfällt, die 1. mit öffentlichen Mitteln im Sinne von § 6 Abs. 1 oder 2. nach § 88 des Zweiten Wohnungsbaugesetzes gefördert worden sind, können folgende Absetzungen vorgenommen werden: a) im Fertigstellungsjahr und in den folgenden 11 Jahren je 3,5 %, b) in den folgenden 20 Jahren je 2 %, in den folgenden 18 Jahren je 1 % der Herstellungskosten	Im Jahr der Fertigstellung und in den folgenden 11 Jahren jeweils 3,5 %, den darauffolgenden 20 Jahren jeweils 2 %, den darauffolgenden 18 Jahren jeweils 1 % der Herstellungskosten	Im Jahr der Fertigstellung oder der Anschaffung im und in den folgenden 11 Jahren jeweils 3,5 %, den darauffolgenden 20 Jahren jeweils 2 %, den darauffolgenden 18 Jahren jeweils 1 % der Anschaffungs- oder Herstellungskosten.	I. Gültig für alle Gebäude: Im Jahr der Fertigstellung oder der Anschaffung und in den folgenden 7 Jahren jeweils 5 %, den darauffolgenden 6 Jahren jeweils 2,5 %, den darauffolgenden 36 Jahren jeweils 1,25 % der Anschaffungs- oder Herstellungskosten. II. Gültig nur für Wirtschaftsgebäude i.S. von Spalten 1 und 2 Nr. II dieser Tabelle: Soweit Bauantrag nach dem 31. 3. 1985 gestellt wurde, ab VZ 1985 4 % oder im Jahr der Fertigstellung oder Anschaffung im Fertigstellungsjahr und den folgenden 3 Jahren jeweils 10 % den darauffolgenden 3 Jahren jeweils 5 %, den darauffolgenden 18 Jahren 2,5 % der Anschaffungs- oder Herstellungskosten.
				Voraussetzung in jedem Fall: Im Inland belegenes Objekt. Bestimmungen gelten auch für unbewegliche, selbständige Gebäudeteile sowie Teileigentum. Im Fall der Anschaffung darf der Vorgänger weder die genannten noch erhöhte oder Sonderabschreibungen in Anspruch genommen haben.	

Normale Absetzungen von Gebäuden (außer von selbstgenutztem Wohneigentum), (Fortsetzung)

	Allgemeine Regelung (§ 7 b StG i.V.m. § 52 EStG)	
Zeitpunkt der Fertigstellung oder Anschaffung	Zeitpunkt des Bautrages oder des Kaufvertrages	
nach dem 19. 12. 1985 und vor dem 1. 3. 1989	nach dem 28. 2. 1989 und vor dem 1. 1. 1994	nach dem 31. 12. 1993
7	8	9
I. Gültig für alle *nicht Wohnzwecken dienenden Gebäude*, die zu einem Betriebsvermögen gehören (Wirtschaftsgebäude): – 40 % der Anschaffungs- oder Herstellungskosten oder – im Jahr der Fertigstellung oder der Anschaffung im Fertigstellungsjahr und in den folgenden 3 Jahren jeweils 10 %, – den darauffolgenden 3 Jahren jeweils 5 %, – in darauffolgenden 18 Jahren jeweils 2,5 % der Anschaffungs- oder Herstellungskosten. II. Gültig für alle *übrigen Gebäude*: – im Jahr der Fertigstellung oder der Anschaffung und den 7 Folgejahren jeweils 5 %, – den darauffolgenden 6 Jahren jeweils 2,5 %, – den darauffolgenden 36 Jahren jeweils 1,25 % der Anschaffungs- oder Herstellungskosten.	I. Gültig für alle *nicht Wohnzwecken dienenden Gebäude* eines Betriebsvermögens (Wirtschaftsgebäude): – 4 % der Anschaffungs- oder Herstellungskosten wenn der Bauantrag oder der Kaufvertrag für ein im Anschaffungsjahr fertiggestelltes Wirtschaftsgebäude vor der 1. 1. 1994 liegt – im Jahr der Fertigstellung oder der Anschaffung im Fertigstellungsjahr und den 3 folgenden Jahren jeweils 10 %, – den darauffolgenden 3 Jahren jeweils 5 %, – den darauffolgenden 18 Jahren jeweils 2,5 % der Anschaffungs- oder Herstellungskosten. II. Gültig für alle *Mietwohnungsbauten*: Für vom Bauherrn erstellte Mietwohnungsbauten, für die der Bauantrag nach dem 28. 2. 1989 und vor dem 1. 1. 1994 gestellt wurde, oder für nach diesem Datum rechtswirksam gekaufte Mietwohnungsbauten, die bis zum Ende des Jahres der Fertigstellung angeschafft werden, können anstelle der in Spalte 7 unter „II." genannten AfA-Sätze angewandt werden – im Jahr der Fertigstellung und den folgenden 3 Jahren jeweils 7 %, – in den darauffolgenden 6 Jahren jeweils 5 %, – in den darauffolgenden 6 Jahren jeweils 2 %, – in den darauffolgenden 24 Jahren jeweils 1,25 % der Anschaffungs- oder Herstellungskosten. III. Gültig für alle *übrigen Gebäude*: Für die vom Steuerpflichtigen auf Grund eines vor dem 1. 1. 1994 gestellten Bauantrags hergestellt oder auf Grund eines vor diesem Zeitpunkt rechtswirksam abgeschlossenen obligatorischen Vertrags angeschafft worden sind – im Jahr der Fertigstellung und den 7 folgenden Jahren mit jeweils 5 %, – in den darauffolgenden 6 Jahren jeweils 2,5 %, – in den darauffolgenden 36 Jahren jeweils 1,25 % der Anschaffungs- oder Herstellungskosten.	I. Gültig für alle *nicht Wohnzwecken dienenden Gebäude* eines Betriebsvermögens (Wirtschaftsgebäude): – 4 % der Anschaffungskosten – 3 % ab 2001 II. Gültig für alle *Mietwohnungsbauten*: Für alle Mietwohnungsbauten, die vom Steuerpflichtigen • auf Grund eines nach dem 28. 2. 1989 und vor dem 1. 1. 1996 gestellten Bauantrags hergestellt oder eines in diesem Zeitraum rechtswirksam abgeschlossenen obligatorischen Vertrags angeschafft worden sind – im Jahr der Fertigstellung und den folgenden 3 Jahren jeweils 7 %, – in den darauffol. 6 Jahren jeweils 5 %, – in den darauffol. 6 Jahren jeweils 2 %, – in den darauffol. 24 Jahren jeweils 1,25 % der Anschaffungs- oder Herstellungskosten. • auf Grund eines nach dem 31. 12. 1995 gestellten Bauantrags hergestellt oder auf Grund eines nach diesem Zeitpunkt rechtswirksam abgeschlossenen obligatorischen Vertrags angeschafft worden sind – im Jahr der Fertigstellung und den folgenden 7 Jahren jeweils 5 %, – in den darauffol. 6 Jahren jeweils 2,5 %, – in den darauffol. 36 Jahren jeweils 1,25 % der Anschaffungs- oder Herstellungskosten. • auf Grund eines nach dem 31. 12. 2003 und vor dem 1. 1. 2006 gestellten Bauantrags hergestellt oder auf Grund eines nach diesem Zeitpunkt rechtswirksam abgeschlossenen obligatorischen Vertrags angeschafft worden sind – im Jahr der Fertigstellung und den folgenden 9 Jahren jeweils 4 %, – in den darauffol. 8 Jahren jeweils 2,5 %, – in den darauffol. 32 Jahren jeweils 1,25 %.

Voraussetzungen:
– Im Inland belegenes Objekt.
– Bestimmungen gelten auch für Gebäudeteile, die selbst. unbewegliche Wirtschaftsgüter sind, für Eigentumswohnungen sowie im Teileigentum stehende Räume.
– im Fall der Anschaffung darf Vorgänger weder die genannten noch erhöhte oder Sonderabschreibungen in Anspruch genommen haben.

Erhöhte bzw. außerordentliche Absetzungen (Sonderabschreibungen)

Erhöhte Absetzungen für geringwertige Wirtschaftsgüter (§ 6 Abs. 2 EStG)		Erhöhte Absetzungen zur Förderung des Umweltschutzes (§ 7 d EStG)		Sonstige wichtige herkömmliche Bewertungsfreiheiten (Sonderabschreibungen)	
Grundregel	Besondere Hinweise	Zweck der Regelung	Höhe der Absetzungen	Art der Begünstigung	Erläuterung
Abnutzbare bewegliche Anlagegüter, die einer selbständigen Bewertung und Nutzung fähig sind, a) müssen im Jahr der Anschaffung oder Herstellung voll als Betriebsausgaben abgesetzt werden, wenn die Anschaffungs- oder Herstellungskosten bei der Vorsteuerabzugsmöglichkeit 150 €, ohne Vorsteuerabzugsmöglichkeit 178,50 € nicht übersteigen, b) sind im Wirtschaftsjahr der Anschaffung, Herstellung oder Einlage in einem Sammelposten zusammenzufassen, wenn die AK/HK 150 € überstegen, aber weniger als 1 000 € netto betragen. Der Sammelposten ist über 5 Jahre gleichmäßig und gewinnmindernd abzuschreiben. Der Abgang eines dieser Wirtschaftsgüter ist nicht zu berücksichtigen. c) Ab 2010 Wahlrecht zwischen Behandlung nach a) und b) für Wirtschaftsgüter bis AK/HK 410 €.	1. Die Selbständigkeit des Wirtschaftsgutes wird verneint, wenn es Teil eines einheitlichen Ganzen ist (z. B. Kinogestühl). Die Anforderung ist aber nicht zu eng auszulegen. 2. Die Selbständigkeit des einzelnen Gutes geht nicht verloren, wenn gleichartige Gegenstände (z. B. Rechenmaschinen) in einer größeren Anzahl angeschafft werden. 3. Die Vergünstigung ist nur für das Jahr der Anschaffung oder Herstellung gegeben.	I. Förderung umweltschutzbewussten Handelns und damit der Investitionen im Inland von Anlagen, die a) unmittelbar und ausschließlich oder b) zu mehr als 70 % dem Umweltschutz dienen. II. Um die Kooperation bei Umweltschutzinvestitionen zu fördern, kann auch ein Mitbenutzer einer Anlage für ihren Investitionszuschuss auch erhöhte Absetzungen in Anspruch nehmen.	I. 1. Bis zu 60 % der Anschaffungs- oder Herstellungskosten im Erstjahr[1]. 2. bis zu 10 % in den folgenden Wirtschaftsjahren bis zur vollen Absetzung. Begrenzung auf Anschaffung oder Herstellung zwischen 31.12.1974 und 1.1.1991. II. 1. Nicht in Anspruch genommene erhöhte Absetzungen dürfen nachgeholt werden. 2. Nachträgliche Herstellungskosten dürfen bereits im Erstjahr der nachträglichen Herstellungsarbeiten mit bis zu jeweils 10 % für die Jahre zwischen Anschaffung oder Herstellung der Gesamtanlage und dem Jahr der nachträglichen Kosten abgesetzt werden, soweit sie vor dem 1.1.1991 entstanden sind.	1. Erhöhte Absetzungen für bestimmte Heizungs-, Warmwasser- und Energieerzeugungsanlagen in Gebäuden (§ 82 a Abs. 1 EStDV). 2. Erhöhte Absetzungen nach BerlinFG a) anstelle normaler AfA auf abnutzbare Anlagegüter können in den ersten fünf Jahren erhöhte Absetzungen bis zu insgesamt 75 % der Anschaffungs- oder Herstellungskosten abgesetzt werden (§ 14 BerlinFG 1990); letztmals auf vor dem 1.7.1991 bestellte Wirtschaftsgüter anwendbar. b) erhöhte Absetzungen für Mehrfamilienhäuser (§§ 14 a, 14 b und 14 c BerlinFG 1990) und für Ein-, Zweifamilienhäuser und Eigentumswohnungen (§§ 15, 15 b BerlinFG 1987).	Zeitliche Begrenzung beachten. *Die Begünstigung nach 2 a) gilt* – für bewegliche Wirtschaftsgüter, die mindestens drei Jahre nach Anschaffung oder Herstellung in Berliner Betriebsstätten verbleiben, – für in Berlin W neu errichtete – Gebäude und Ausbauten, die im eigenen Gewerbebetrieb zu mehr als 80 % der Fertigung und verwandten Aufgaben dienen. *Die Begünstigung nach 2 b) beträgt* im Jahr der Fertigstellung oder Anschaffung und im darauffolgenden Jahr jeweils bis zu 14 %, ferner in den darauffolgenden 10 Jahren jeweils bis zu 4 % der Herstellungs- oder Anschaffungskosten, alsdann sind jährlich 3,5 % vom Restwert abzuschreiben. Bei mehr als 80 %iger Nutzung zu Wohnzwecken und Erweiterungen zu Wohnzwecken gelten die gleichen Abschreibungen, sofern keine öffentlichen Mittel i.S.v. § 6 Abs. 1 des 2. Wohnbaugesetzes innerhalb von 5 Jahren nach Fertigstellung oder Anschaffung beansprucht werden. Begünstigung nach Pos. 2 b) gilt, wenn Bauantrag nach dem 28.2.1989 und vor dem 1.7.1991 gestellt wurde. Für nach dem 31.12.1986 und bis zum 31.12.1995 angeschaffte oder eigengenutztes Wohneigentum gilt erhöhter Sonderausgabenabzug nach § 10 e EStG.

[1] Bereits auf Anzahlungen darf abgeschrieben werden.

Art der Begünstigung	Fundstelle im EStG	Erläuterungen[1]
1. Erhöhte Absetzungen für Wärme- und Windkraftanlagen, Anlagen zur Biogasgewinnung, Maßnahmen zur Anbindung an ökologische Heiz- und Wasseraufbereitungssysteme	§ 51 Abs. 1 Nr. 2 q (aa-dd)	0 % Absetzung im Anschaffungs- oder Herstellungsjahr sowie in den folgenden 9 Jahren. Befristungen gem. § 82 a Abs. 1 Satz 3 EStDV auf vor dem 1. 1. 1992 abgeschlossenen Maßnahmen.
2. Erhöhte Absetzungen für Einbau von zentraler Warmwasseranlage zur Versorgung von mehr als einer Zapfstelle und einer Heizungsanlage, bei einer zentralen Heizungs- und Warmwasseranlage für Einbau eines Heizkessels, Brenners, einer zentralen Steuerungseinrichtung, einer Wärmeabgabeeinrichtung, der Abgasanlage in im Inland gelegenem Gebäude (auch Eigentumswohnung)	§ 51 Abs. 1 Nr. 2 q (ee)[2]	Mit der Maßnahme darf nach § 82 a EStDV nicht vor Ablauf von 10 Jahren seit Fertigstellung des Gebäudes begonnen werden; Einbau nach dem 30. 6. 1985 und vor dem 1. 1. 1992 erforderlich. Regelung gilt auch für Einzelöfen, wenn keine Zentralheizung vorhanden. Sonst wie bei Pos. 1.
3. Sonderabschreibungen für bewegliche Wirtschaftsgüter des Anlagevermögens, die der Forschung und Entwicklung (FuE) dienen und die nach dem 18. 5. 1983 und vor dem 1. 1. 1990 angeschafft oder hergestellt wurden	§ 51 Abs. 1 Nr. 2 u (aa)[2]	Bei 100 %iger Verwendung für FuE im Anschaffungs- oder Herstellungsjahr und in den 4 Folgejahren neben Normalabsetzung insgesamt bis zu 40 % erhöhte AfA möglich. AfA bereits auf Anzahlung möglich.
4. Sonderabschreibungen für unbewegliche Wirtschaftsgüter des Anlagevermögens, die zu mehr als $^1/_3$ FuE dienen; Anschaffung bzw. Herstellung nach dem 18. 5. 1983 und vor dem 1. 1. 1990	§ 51 Abs. 1 Nr. 2 u (bb)[2]	Neben Normal-AfA im Anschaffungs- oder Herstellungsjahr und in den 4 Folgejahren bis zu insgesamt 15 % erhöhte AfA möglich. AfA bereits auf Anzahlung möglich.
5. Sonderabschreibungen für unbewegliche Wirtschaftsgüter des Anlagevermögens, die zu mehr als $^1/_3$, jedoch nicht mehr als $^2/_3$ FuE dienen; Anschaffung bzw. Herstellung nach dem 18. 5. 1983 und vor dem 1. 1. 1990	§ 51 Abs. 1 Nr. 2 u (bb)[2]	Neben Normal-AfA im Anschaffungs- oder Herstellungsjahr und in den folgenden 4 Jahren bis zu insgesamt 10 % erhöhte AfA möglich. AfA bereits auf Anzahlung möglich.
6. Sonderabschreibungen für Ausbauten und Erweiterungen an bestehenden Gebäuden, Gebäudeteilen, Eigentumswohnungen oder im Teileigentum stehenden Räumen bei mehr als $^2/_3$ Nutzung der An- und Ausbauten für FuE; Anschaffung bzw. Herstellung nach dem 18. 5. 1983 und vor dem 1. 1. 1990	§ 51 Abs. 1 Nr. 2 u (cc)[2]	Neben Normal-AfA im Anschaffungs- oder Herstellungsjahr und in den 4 Folgejahren bis zu insgesamt 15 % AfA möglich. AfA bereits auf Anzahlung möglich.
7. Sonderabschreibungen für Ausbauten und Erweiterungen an Anlagen, wie unter 5. bei mehr als $^1/_3$ aber weniger als $^2/_3$ Nutzung der An- oder Ausbauten für FuE; Anschaffung nach dem 18. 5. 1983 und vor dem 1. 1. 1990	§ 51 Abs. 1 Nr. 2 u (cc)[2]	Neben Normal-AfA im Anschaffungs- oder Herstellungsjahr und in den 4 Folgejahre bis zu insgesamt 10 % AfA zulässig. AfA bereits auf Anzahlung möglich. Die Sonderabschreibungen nach Nr. 3 bis 7 sind nur zulässig, wenn die Wirtschaftsgüter oder die ausgebauten oder neu hergestellten Gebäudeteile mindestens 3 Jahre nach ihrer Anschaffung oder Herstellung in dem erforderlichen Umfang der FuE in einer inländischen Betriebsstätte des Steuerpflichtigen dienen.

---

[1] Die Beschränkung der Normal-AfA in diesem Zusammenhang auf Linearabschreibung gilt ab VZ 1985.

[2] Nach Ablauf des maßgebenden Begünstigungszeitraumes sind die Absetzungen für Abnutzung gemäß § 7 Abs. 4 und § 7a Abs. 9 EStG zu bemessen.

Art der Begünstigung	Fundstelle im EStG	Erläuterungen
8. Sonderabschreibungen und Investitionsabzugsbetrag zur Förderung kleiner und mittlerer Betriebe	§ 7 g	*Sonderabschreibung:* Kleine und mittlere Betriebe, d. h. Betriebe, deren Betriebsvermögen nicht mehr als 335 000 € beträgt, können für neue oder gebrauchte bewegliche Wirtschaftsgüter des Anlagevermögens im Jahr der Anschaffung oder Herstellung und in den 4 Folgejahren neben der AfA nach § 7 Abs. 1 und Abs. 2 EStG Sonderabschreibungen bis zu 20 % in Anspruch nehmen. Voraussetzung ist, dass das Wirtschaftsgut – mindestens im Jahr seiner Anschaffung oder Herstellung und im Folgejahr in einer inländischen Betriebsstätte dieses Betriebs verbleibt und – im Jahr der Inanspruchnahme von Sonderabschreibungen im Betrieb des Steuerpflichtigen ausschließlich oder fast ausschließlich betrieblich genutzt wird. Wird der Gewinn nach § 4 Abs. 3 ermittelt, gilt eine Gewinngrenze (vor Abzug des Investitionsabzugsbetrags) von 200 000 Euro. *Investitionsabzugsbetrag:* Betriebe, die die Größenmerkmale für die Sonderabschreibung nicht überschreiten, können für die in den folgenden 3 Jahren geplante künftige Anschaffung eines abnutzbaren beweglichen Wirtschaftsguts des Anlagevermögens einen Investitionsabzugsbetrag bis zu 40 % der geplanten Kosten außerbilanziell von ihrem Gewinn abziehen. Das begünstigte Wirtschaftsgut muss dem Finanzamt gegenüber seiner Funktion nach benannt werden, die geplanten Kosten sind anzugeben. Das Wirtschaftsgut muss voraussichtlich bis zum Ende des auf die Investition folgenden Wirtschaftsjahrs ausschließlich bzw. fast ausschließlich betrieblich genutzt werden. Die Summe der in Anspruch genommenen Investitionsabzugsbeträge darf maximal 200 000 € betragen. Im Jahr der Investition ist der Investitionsabzugsbetrag außerbilanziell gewinnerhöhend aufzulösen; daneben sind die Anschaffungskosten um den Abzugsbetrag zu reduzieren, so dass die Bemessungsgrundlage für die Abschreibung entsprechend geringer ist. Der Investitionsabzugsbetrag ist spätestens nach 3 Jahren aufzulösen; wurde die geplante Investition nicht vorgenommen, wird die Veranlagung des Jahrs der Inanspruchnahme des Investitionsabzugsbetrags geändert und dieser rückgängig gemacht. Daneben erfolgt eine Verzinsung mit 0,5 % des Investitionsabzugsbetrags pro Monat, die 15 Monate nach Ablauf des Jahrs der Bildung des Investitionsabzugsbetrags beginnt.
9. Erhöhte Absetzungen für Baumaßnahmen an Gebäuden zur Schaffung neuer Mietwohnungen, die vom Fertigstellungszeitpunkt bis zum Ende des Begünstigungszeitraumes fremden Wohnzwecken dienen und nicht aus öffentlichen Mitteln bezuschusst werden	§ 7 c	Bei Bauantrag nach dem 2. 10. 1989 und Fertigstellung vor dem 1.1. 1996 im Jahr der Fertigstellung und den 4 Folgejahren bis zu 20 % bei Aufwendungen für die Baumaßnahme, wobei also 60 000 DM je Wohnung als Höchstbemessungsgrundlage gelten. Gilt in den neuen Bundesländern für Maßnahmen nach dem 31.12. 1990. Erfolgen die Baumaßnahmen an nicht mehr der Nutzungswertbesteuerung unterliegenden Gebäuden, kann Berücksichtigung der erhöhten Absetzungen gem. § 10 e EStG beantragt werden.

Art der Begünstigung	Fundstelle im ESTG	Erläuterungen
10. Erhöhte Absetzungen auf Herstellungskosten für Modernisierungs- und Instandsetzungsmaßnahmen i.S.v. § 177 Baugesetzbuch zur Erhaltung, Erneuerung und funktionsgerechten Verwendung eines Gebäudes, das wegen seiner geschichtlichen, künstlerischen oder städtebaulichen Bedeutung erhalten bleiben soll, ohne ein anerkanntes Baudenkmal zu sein	§ 7 h und § 51 Abs. 1 Nr. 2 x	Im Jahr des Abschlusses der Maßnahme und den 7 Folgejahren 9 % Absetzung, anschließend für weitere 4 Jahre jeweils 7 %, soweit nicht öffentlich bezuschusst und soweit ein entsprechende Bedeutung bzw. die Lage in einem förmlich celegten Sanierungsgebiet von der zuständigen Gemeindebehörde schriftlich bestätigt ist. Die Bestimmung ist unbefristet.
11. Erhöhte Absetzungen auf Herstellungskosten von nach Landesvorschriften festgelegten Baudenkmalen	§ 7 i und § 51 Abs. 1 Nr. 2 y)	Der Aufwand für Baumaßnahmen an inländischen Baudenkmalen kann mit 9 % im Aufwandsjahr und den 7 Folgejahren, anschließend für weitere 4 Jahre jeweils 7 %, abgeschrieben werden, wenn das Gebäude so genutzt wird, daß die Erhaltung der schützenswerten Substanz dauerhaft gewährleistet ist. Dies gilt auch für denkmalgeschützte Gebäudeteile. Bescheinigung der für Denkmalschutz zuständigen Landesbehörde, Finanzierung nicht durch öffentliche Zuschüsse. Die Bestimmung ist unbefristet.
12. Erhöhte Absetzungen für Wohnungen mit Sozialbindung, wenn Bauantrag oder bei Kauf im Herstellungsjahr der rechtswirksam abgeschlossene obligatorische Vertrag nach dem 28. 2. 1989 liegen und wenn die Fertigstellung vor dem 1. 1. 1996 erfolgt. In den neuen Bundesländern gültig für Maßnahmen nach dem 31. 12. 1990.	§ 7 k, § 72 Abs. 3 des 2. Wohnungsbaugesetzes	Absetzung der Anschaffungs-/Herstellungskosten im Anschaffungs-/Herstellungsjahr und den 5 Folgejahren 10 %, den 4 Folgejahren vom Restwert 7 %, den 30 Folgejahren vom Restwert $3\frac{1}{3}$ %. Voraussetzungen: K-eine öffentliche Bezuschussung, Vermietung nach dem Wohnungsbindungsgesetz. Größe, Miethöhe nach diesem Gasetz müssen eingehalten und bescheinigt sein. Im Anschaffungsfall darf der Voreigentümer keine erhöhte oder Sonderabschreibung in Anspruch genommen haben.
13. Die wie Sonderausgaben nach den §§ 10 e, f, g und h ESTG zu behandelnden erhöhten Abschreibungen für Wohneigentum und für Kulturgüter werden bei den Sonderausgaben auf Seite 17 ff. behandelt.		
14. Sonderabschreibungen im Fördergebiet auf Anschaffungs- und Herstellungskosten für **bewegliche** Wirtschaftsgüter des Anlagevermögens und nachträgliche Herstellungskosten an solchen Gütern (außer Luftfahrzeugen). Die Gegenstände müssen mindestens drei Jahre nach ihrer Anschaffung oder Herstellung zum Anlagevermögen einer Betriebsstätte im Fördergebiet gehören und verbleiben und dürfen zu nicht mehr als 10 % privat genutzt werden. Die Sonderabschreibung erfolgt neben der Normalabschreibung.	§ 2 Fördergebietsgesetz	*Geltungsgebiet:* Die fünf neuen Bundesländer einschl. Berlin. *Anwendungszeitraum:* Begünstigt wird – die Anschaffung oder Herstellung nach dem 31. 12. 1990 und vor dem 1. 1. 1999, – die Beendigung von nachträglichen Herstellungsarbeiten in dieser Zeit, – i'n dieser Zeit geleistete Anzahlungen auf Anschaffungskosten und entstandene Teilherstellungskosten. Dieser Anwendungszeitraum ist für Investitionen in Betriebsstätten in Berlin-West auf die Zeit vom 30. 6. 1991 bis zum 1. 1. 1995 begrenzt. *Höhe der Sonderabschreibungen:* Die Sonderabschreibungen betragen bis zu 50 % der Anschaffungs- oder Herstellungskosten, auch den nachträglichen Herstellungskosten; Inanspruchnahme im Jahr der Anschaffung/Herstellung, oder dem Jahr der Beendigung der nachträglichen Herstellungsarbeiten und in den 4 folgenden Jahren.

Art der Begünstigung	Fundstelle im EStG	Erläuterungen
15. Sonderabschreibungen im Fördergebiet auf Anschaffungs- oder Herstellungskosten sowie Modernisierungsarbeiten und andere nachträgliche Herstellungsarbeiten an abnutzbaren **beweglichen** Wirtschaftsgütern im Fördergebiet	§ 3 Fördergebietsgesetz	Geltungsgebiet und Anwendungszeitraum wie unter 14. In Berlin-West ist der Anwendungszeitraum für Wohnbauten und nachträgliche Herstellungsarbeiten für Wohnbauten wie im übrigen Geltungsgebiet auf den 1. 1. 1999 verlängert, soweit diese Wirtschaftsgüter oder die nachträglich geschaffenen Teile mindestens 5 Jahre nach ihrer Anschaffung nicht zu einem Betriebsvermögen gehören.
		Höhe der Sonderabschreibungen wie unter 14. Bei Herstellungskosten, die für nachträgliche Herstellungsarbeiten aufgewendet worden sind, und bei Anschaffungskosten, die auf Modernisierungsmaßnahmen und andere nachträgliche Herstellungsarbeiten entfallen, ist der Restwert von dem auf das Jahr der Inanspruchnahme der insgesamt zulässigen Sonderabschreibungen folgenden Jahr an, spätestens vom 5. auf das Jahr der Beendigung der Herstellungsarbeiten folgenden Jahr an, bis zum Ende des 9. Jahres nach dem Jahr der Beendigung der Herstellungsarbeiten in gleichen Jahresbeträgen abzusetzen.
		Begünstigte Baumaßnahmen:
		– Die Anschaffung eines abnutzbaren unbeweglichen Wirtschaftsguts ist begünstigt, wenn das Wirtschaftsgut bis zum Ende des Jahres der Fertigstellung angeschafft worden ist (*Neubau*) und für das Wirtschaftsgut weder AfA nach § 7 Abs. 5 EStG noch erhöhte Absetzungen oder Sonderabschreibungen in Anspruch genommen worden sind.
		– Gebäude des Betriebsvermögens, die nach dem Jahr der Fertigstellung angeschafft werden (*Altbauten*), sind nur noch uneingeschränkt begünstigt, wenn sie vor dem 1. 1. 1994 angeschafft worden. Bei Anschaffung nach dem 31. 12. 1993 ist Voraussetzung für die Inanspruchnahme der Sonderabschreibung, daß sie mindestens 5 Jahre nach ihrer Anschaffung zu eigenbetrieblichen Zwecken verwendet werden.
		– Ferner sind Sonderabschreibungen auf *Sanierungs- und Modernisierungsmaßnahmen* an Gebäuden möglich, die nach dem 31. 12. 1991 angeschafft worden sind.
16. Abzugsbetrag für Aufwendungen für selbstgenutztes Wohneigentum im Fördergebiet	§ 7 Fördergebietsgesetz	Aufwendungen für Herstellungs- und Erhaltungsarbeiten können im Jahr der Zahlung und in den folgenden Jahren jeweils bis zu 10 % wie Sonderausgaben abgezogen werden. Voraussetzung: Die Aufwendungen dürfen nicht bereits als Betriebsausgaben oder Werbungskosten abgesetzt oder nach § 10e, 10f oder § 52 Abs. 21 Satz 6 EStG abgezogen werden.
		Die Aufwendungen zwischen dem 31. 12. 1990 und dem 1. 1. 1999 sind nur abzugfähig, soweit sie 20 452 € nicht übersteigen.
		Bei baugenehmigungspflichtigen Baumaßnahmen gilt als Beginn der Herstellung der Zeitpunkt, zu dem der Bauantrag gestellt wird.

Rechtsquelle: § 267 HGB

Merkmale *kleiner* Kapitalgesellschaften	Merkmale *mittlerer* Kapitalgesellschaften	Merkmale *großer* Kapitalgesellschaften
1	2	3
Sie dürfen mindestens *zwei der drei* nachstehenden Merkmale nicht überschreiten: 1. 4 840 000 € Bilanzsumme nach Abzug eines auf der Aktivseite ausgewiesenen Fehlbetrags (§ 268 Abs. 3 HGB) 2. 9 680 000 € Umsatzerlöse in den 12 Monaten vor dem Abschlussstichtag 3. 50 Arbeitnehmer im Jahresdurchschnitt	*Überschreiten* von mindestens zwei der drei in Spalte 1 genannten Merkmale *Nichtüberschreiten* von mindestens zwei der drei nachstehend genannten Merkmale: 1. 19 250 000 € Bilanzsumme nach Abzug eines auf der Aktivseite ausgewiesenen Fehlbetrags (§ 268 Abs. 3 HGB) 2. 38 500 000 € Umsatzerlöse in den 12 Monaten vor dem Abschlussstichtag 3. 250 Arbeitnehmer im Jahresdurchschnitt	*Überschreiten* von mindestens zwei der drei nachstehend genannten Merkmale: 1. 19 250 000 € Bilanzsumme nach Abzug eines auf der Aktivseite ausgewiesenen Fehlbetrags (§ 268 Abs. 3 HGB) 2. 38 500 000 € Umsatzerlöse in den 12 Monaten vor dem Abschlussstichtag 3. 250 Arbeitnehmer im Jahresdurchschnitt

Die Rechtsfolgen obiger Merkmale treten nur ein, wenn sie an den Abschlussstichtagen von zwei aufeinanderfolgenden Geschäftsjahren jeweils über- oder unterschritten werden.

Allerdings treten die Rechtsfolgen obiger Merkmale im Falle der Verschmelzung, Umwandlung oder Neugründung schon am ersten Abschlußstichtag nach diesen Ereignissen ein, wenn zu diesem Zeitpunkt die genannten Größenmerkmale vorlagen.

Berechnung des Arbeitnehmerdurchschnitts:
Summe der am 31.3., 30.6., 30.9. und 31.12. Beschäftigten, dividiert durch vier (einschließlich der im Ausland Beschäftigten, aber ohne Auszubildende).

Ausnahme:
Eine kapitalmarktorientierte Kapitalgesellschaft gilt stets als große. Eine Kapitalgesellschaft ist kapitalmarktorientiert, wenn
· sie einen organisierten Markt im Sinn des § 2 Abs. 5 des Wertpapierhandelsgesetzes durch von ihr ausgegebene Wertpapiere im Sinn des § 2 Abs. 1 Satz 1 des Wertpapierhandelsgesetzes in Anspruch nimmt oder
· die Zulassung solcher Wertpapiere zum Handel an einem organisierten Markt beantragt hat (§ 264d HGB).

erkürzte Bilanz kleiner Kapitalgesellschaften

Rechtsquelle: § 266 Abs. 1 Satz 3, § 268 HGB

Aktiva	Passiva

A. Anlagevermögen
    I. Immaterielle Vermögensgegenstände
    II. Sachanlagen
    III. Finanzanlagen
 	
B. Umlaufvermögen
    I. Vorräte
    II. Forderungen und sonstige Vermögensgegenstände
       – davon Forderungen mit einer Restlaufzeit von mehr als einem Jahr
    III. Wertpapiere
    IV. Kassenbestand, Bundesbankguthaben, Guthaben bei Kreditinstituten und Schecks
 	
C. Rechnungsabgrenzungsposten
 	
D. Aktive latente Steuern
 	
E. Aktiver Unterschiedsbetrag aus der Vermögensverrechnung
	A. Eigenkapital
	    I. Gezeichnetes Kapital
	    II. Kapitalrücklage
	    III. Gewinnrücklagen
	    IV. Gewinn-/Verlustvortrag
	    V. Jahresüberschuss/Jahresfehlbetrag
	
	B. Rückstellungen
	
	C. Verbindlichkeiten
	    – davon mit einer Restlaufzeit bis zu einem Jahr
	
	D. Rechnungsabgrenzungsposten
	
	E. Passive latente Steuern

Bilanzgliederung für große und mittelgroße [1] Kapitalgesellschaften

Rechtsquelle: § 266 Abs. 2 und 3, § 268 HGB

Aktiva	Passiva
A. Anlagevermögen	A. Eigenkapital

I. Immaterielle Vermögensgegenstände
  1. selbst geschaffene gewerbliche Schutzrechte und ähnliche Rechte und Werte
  2. entgeltlich erworbene Konzessionen, gewerbliche Schutzrechte und ähnliche Rechte und Werte sowie Lizenzen an solchen Rechten und Werten
  3. Geschäfts- oder Firmenwert
  4. geleistete Anzahlungen
	I. Gezeichnetes Kapital

	II. Kapitalrücklage

	III. Gewinnrücklagen
	  1. gesetzliche Rücklage
	  2. Rücklage für Anteile an einem herrschenden oder mehrheitlich beteiligten Unternehmen
	  3. satzungsmäßige Rücklagen
	  4. andere Gewinnrücklagen

II. Sachanlagen
  1. Grundstücke, grundstücksgleiche Rechte und Bauten einschließlich der Bauten auf fremden Grundstücken
  2. technische Anlagen und Maschinen
  3. andere Anlagen, Betriebs- und Geschäftsausstattung
  4. geleistete Anzahlungen und Anlagen im Bau
	IV. Gewinnvortrag/Verlustvortrag

	V. Jahresüberschuss/Jahresfehlbetrag
	B. Rückstellungen

	1. Rückstellungen für Pensionen und ähnliche Verpflichtungen
	  2. Steuerrückstellungen
	  3. sonstige Rückstellungen

III. Finanzanlagen
  1. Anteile an verbundenen Unternehmen
  2. Ausleihungen an verbundene Unternehmen
  3. Beteiligungen
  4. Ausleihungen an Unternehmen, mit denen ein Beteiligungsverhältnis besteht
  5. Wertpapiere des Anlagevermögens
  6. sonstige Ausleihungen
	C. Verbindlichkeiten

	1. Anleihen
	    – davon konvertibel
	    – davon mit einer Restlaufzeit bis zu einem Jahr
	  2. Verbindlichkeiten gegenüber Kreditinstituten
	    – davon mit einer Restlaufzeit bis zu einem Jahr

B. Umlaufvermögen	3. erhaltene Anzahlungen auf Bestellungen (soweit nicht bei den Vorräten abgesetzt)

I. Vorräte
  1. Roh-, Hilfs- und Betriebsstoffe
  2. unfertige Erzeugnisse, unfertige Leistungen
  3. fertige Erzeugnisse und Waren
  4. geleistete Anzahlungen
	4. Verbindlichkeiten aus Lieferungen und Leistungen
	    – davon mit einer Restlaufzeit bis zu einem Jahr

II. Forderungen und sonstige Vermögensgegenstände
  1. Forderungen aus Lieferungen und Leistungen
    – davon mit einer Restlaufzeit von mehr als einem Jahr
  2. Forderungen gegen verbundene Unternehmen
    – davon mit einer Restlaufzeit von mehr als einem Jahr
  3. Forderungen gegen Unternehmen, mit denen ein Beteiligungsverhältnis besteht
    – davon mit einer Restlaufzeit von mehr als einem Jahr
  4. sonstige Vermögensgegenstände
	5. Verbindlichkeiten aus der Annahme gezogener und der Ausstellung eigener Wechsel
	    – davon mit einer Restlaufzeit bis zu einem Jahr
	  6. Verbindlichkeiten gegenüber verbundenen Unternehmen
	    – davon mit einer Restlaufzeit bis zu einem Jahr
	  7. Verbindlichkeiten gegenüber Unternehmen, mit denen ein Beteiligungsverhältnis besteht
	    – davon mit einer Restlaufzeit bis zu einem Jahr
	  8. sonstige Verbindlichkeiten
	    – davon aus Steuern
	    – davon im Rahmen der sozialen Sicherheit
	    – davon mit einer Restlaufzeit bis zu einem Jahr

III. Wertpapiere
  1. Anteile an verbundenen Unternehmen
  2. sonstige Wertpapiere	

IV. Kassenbestand, Bundesbankguthaben, Guthaben bei Kreditinstituten und Schecks	D. Rechnungsabgrenzungsposten
	E. Passive latente Steuern
C. Rechnungsabgrenzungsposten	
D. Aktive latente Steuern	
E. Aktiver Unterschiedsbetrag aus der Vermögensverrechnung	

[1] Mittelgroße Kapitalgesellschaften müssen nach dem vorliegenden Schema ihre Bilanz aufbauen, dürfen aber nach dem verkürzten Schema veröffentlichen (§ 327 HGB).

Aufbau der GuV-Rechnung nach dem Gesamtkostenverfahren

Rechtsquelle: § 275 Abs. 2 HGB

		Beträge Abschlussjahr	Beträge Vorjahr
1. Umsatzerlöse	+	....	
2. Erhöhung oder Verminderung des Bestands an fertigen und unfertigen Erzeugnissen	+/–	....	
3. andere aktivierte Eigenleistungen	+	....	
4. sonstige betriebliche Erträge	+	....	
5. Materialaufwand			
a) Aufwendungen für Roh-, Hilfs- und Betriebsstoffe und für bezogene Waren	–	....	
b) Aufwendungen für bezogene Leistungen	–	....	
6. Personalaufwand			
a) Löhne und Gehälter	–	....	
b) soziale Abgaben und Aufwendungen für Altersversorgung und für Unterstützung	–	....	
– davon für Altersversorgung			
7. Abschreibungen			
a) auf immaterielle Vermögensgegenstände des Anlagevermögens und Sachanlagen	–	....	
b) auf Vermögensgegenstände des Umlaufvermögens, soweit diese die in der Kapitalgesellschaft üblichen Abschreibungen überschreiten	–	....	
8. sonstige betriebliche Aufwendungen	–	....	
9. Erträge aus Beteiligungen	+	....	
– davon aus verbundenen Unternehmen			
10. Erträge aus anderen Wertpapieren und Ausleihungen des Finanzanlagevermögens	+	....	
– davon aus verbundenen Unternehmen			
11. sonstige Zinsen und ähnliche Erträge	+	....	
– davon aus verbundenen Unternehmen			
12. Abschreibungen auf Finanzanlagen und auf Wertpapiere des Umlaufvermögens	–	....	
13. Zinsen und ähnliche Aufwendungen	–	....	
– davon an verbundene Unternehmen			
14. Ergebnis der gewöhnlichen Geschäftstätigkeit		+/–	
15. außerordentliche Erträge	+	....	
16. außerordentliche Aufwendungen	–	....	
17. außerordentliches Ergebnis		+/–	
18. Steuern vom Einkommen und vom Ertrag	–	....	
19. sonstige Steuern	–	....	
20. Jahresüberschuss/Jahresfehlbetrag		+/–	

Der dargestellte Ausweis in Vorspalten ist zu empfehlen, jedoch nicht vorgeschrieben.

Betriebliche Kennzahlen

Unternehmens-aufbau:	Kapitalstruktur	$\dfrac{\text{Eigenkapital}}{\text{Fremdkapital}}$
	Vermögensstruktur	$\dfrac{\text{Anlagevermögen}}{\text{Umlaufvermögen}}$
Finanzwirt-schaft:	Verschuldungskoeffizient	$\dfrac{\text{Fremdkapital}}{\text{Eigenkapital}}$
	Anspannungskoeffizient	$\dfrac{\text{Fremdkapital}}{\text{Gesamtkapital}}$
	Anlagenintensität	$\dfrac{\text{Anlagevermögen}}{\text{Gesamtkapital}}$
	Anlagendeckung, bezogen auf Eigenkapital	$\dfrac{\text{Eigenkapital}}{\text{Anlagevermögen}}$
	Anlagendeckung, bezogen auf Eigenkapital und langfristiges Fremdkapital	$\dfrac{\text{Eigenkapital + langfristiges Fremdkapital}}{\text{Anlagevermögen}}$
	Rentabilität des Eigenkapitals	$\dfrac{\text{Reingewinn}}{\text{Eigenkapital}}$
	Rentabilität des Gesamtkapitals	$\dfrac{\text{Reingewinn + Fremdkapital-Zinsen}}{\text{Gesamtkapital}}$
	Liquidität ersten Grades	$\dfrac{\text{Flüssige Mittel + kurzfristige Forderungen}}{\text{Kurzfristige Verbindlichkeiten}}$
	Liquidität zweiten Grades	$\dfrac{\text{Kurzfristiges Umlaufvermögen}}{\text{Kurzfristige Verbindlichkeiten}}$
Investitionen und Abschrei-bungen:	Anlagevermögen, bezogen auf Umsatz	$\dfrac{\text{Anlagevermögen}}{\text{Umsatz}}$
	Deckung der Investitionen	$\dfrac{\text{Abschreibungen}}{\text{Anlagenzugang ohne Beteiligungen}}$
	Abschreibungsintensität auf Anlagen	$\dfrac{\text{Abschreibungen}}{\text{Anlagevermögen}}$
Umsatz:	Umschlagshäufigkeit des Eigenkapitals	$\dfrac{\text{Umsatz}}{\text{Eigenkapital}}$
	Umschlagshäufigkeit des Gesamtkapitals	$\dfrac{\text{Umsatz}}{\text{Gesamtkapital}}$
	Umschlagshäufigkeit des Anlagevermögens	$\dfrac{\text{Umsatz}}{\text{Anlagevermögen}}$
	Umschlagshäufigkeit des Vorratsvermögens	$\dfrac{\text{Wareneinsatz}}{\text{Vorratsvermögen}}$
	Umsatzrendite	$\dfrac{\text{Reingewinn}}{\text{Umsatz}}$
Belegschaft:	Durchschnittslohn	$\dfrac{\text{Gesamtpersonalkosten}}{\text{Belegschaft}}$
	Produktivität, bezogen auf Belegschaft	$\dfrac{\text{Umsatz}}{\text{Belegschaft}}$
	Produktivität, bezogen auf Gesamtpersonalkosten	$\dfrac{\text{Umsatz}}{\text{Gesamtpersonalkosten}}$
	Rentabilität, bezogen auf Gesamtpersonalkosten	$\dfrac{\text{Reingewinn}}{\text{Gesamtpersonalkosten}}$

III. Sozialversicherung

Beitragsbemessungsgrenzen, Beitragssätze und Entgeltgrenzen für das Jahr 2012

	West				Ost			
	Kranken-versicherung	Pflege-versicherung	Renten-versicherung	Arbeits-förderung	Kranken-versicherung	Pflege-versicherung	Renten-versicherung	Arbeits-förderung
Jahresarbeitsentgeltgrenze/ Versicherungspflichtgrenze	50.850,00 €		–		50.850,00 €		–	
für am 31.12.2002 privat Krankenversicherte	45.900,00 €		–		45.900,00 €		–	
Beitragsbemessungsgrenzen: – für das Kalenderjahr – für den Kalendermonat – für den Kalendertag	45.900,00 € 3.825,00 € 127,50 €		67.200,00 € 5.600,00 € 186,6* €		45.900,00 € 3.825,00 € 127,50 €		57.600,00 € 4.800,00 € 160,00 €	
Beitragssätze in % des Bruttoarbeitsentgelts	allg.: 15,5 % erm.: 14,9 %	1,95 % zzgl. 0,25 % für Kinderlose	19,6 %	3,0 %	allg.: 15,5 % erm.: 14,9 %	1,95 % zzgl. 0,25 % für Kinderlose	19,6 %	3,0 %
Gleitzonenfaktor F = 0,7491	Vereinfachte Formel für ermäßigte Beitragsbemessungsgrundlage: 1,2509 x Arbeitsentgelt – 200,72 €							
monatliche Bezugsgröße	2.625,00 €				2.240,00 €			
monatliche Entgeltgrenze für eine geringfügige Beschäftigung	400,00 €				400,00 €			
	Es ist eine Arbeitgeber-Pauschalabgabe in Höhe von 30 % des Arbeitsentgelts zu entrichten, davon: 13 % zur Krankenversicherung, 15 % zur Rentenversicherung, 2 % als einheitliche Pauschsteuer.							
monatliche Geringverdienergrenze (nur im Rahmen betrieblicher Berufsausbildung)	325,00 €				325,00 €			
	Bis zu dieser Entgeltgrenze trägt der Arbeitgeber den Gesamtsozialversicherungsbeitrag.							
maximaler Zuschuss für Privatversicherte	mit Kr.geld-Anspruch: 279,23 € ohne Kr.geld-Anspruch: 267,75 €	37,29 € (Sachsen: 18,17 €)			mit Kr.geld-Anspruch: 279,23 € ohne Kr.geld-Anspruch: 267,75 €	37,29 € (Sachsen: 18,17 €)		

Sozialausgleich, Beitragsnachweis und GKV-Monatsmeldung

Rechtsquelle: Sozialgesetzbuch (SGB), IV. und V. Buch	
Sozialausgleich (§§ 242, 242b Abs. 1 SGB V)	Jede Krankenkasse kann zur Finanzierung ihrer Ausgaben Zusatzbeiträge erheben. Versicherte haben aber Anspruch auf einen Sozialausgleich, wenn der vom Bundesministerium für Gesundheit bekannt gegebene durchschnittliche Zusatzbeitrag die individuelle Belastungsgrenze (= 2% der beitragspflichtigen Einnahmen) übersteigt.
	Anspruch auf den Sozialausgleich haben damit alle Beschäftigten, deren monatliches Arbeitsentgelt kleiner ist als der Betrag aus durchschnittlichem Zusatzbeitrag dividiert durch 2%.
	Angenommen, der durchschnittliche Zusatzbeitrag beträgt 20 €. Der Sozialausgleich ist dann bei allen Arbeitnehmern mit monatlichen Arbeitsentgelten von weniger als (20 €/2% =) 1000 € durchzuführen. Es spielt dabei keine Rolle, wie hoch der tatsächliche Zusatzbeitrag einer Krankenkasse ist.
	Ausnahme: Beschäftigte, die vom Gesetz her von der Zahlung eines Zusatzbeitrags befreit sind, haben keinen Anspruch auf einen Sozialausgleich. Dazu zählen zur Berufsausbildung Beschäftigte mit einem monatlichen Arbeitsentgelt bis 325 € (Geringverdiener), selbst dann, wenn die Geringverdienergrenze wegen einer Einmalzahlung überschritten wird.
Durchführung des Sozialausgleichs (§ 242b Abs. 2 SGB V)	Der Sozialausgleich ist grundsätzlich vom Arbeitgeber im Rahmen der Entgeltabrechnung durchzuführen.
	Dazu ist der monatliche KV-Beitrag des Beschäftigten zu verringern, indem der Differenzbetrag zwischen dem durchschnittlichen Zusatzbeitrag und der Belastungsgrenze des Arbeitnehmers vom KV-AN-Anteil abgezogen wird.
	Beispiel:
	monatliches Arbeitsentgelt 900,00 € KV-AN-Anteil (8,2% von 900 €) 73,80 € KV-AG-Anteil (7,3% von 900 €) 65,70 € KV-Gesamtbeitrag ohne Sozialausgleich 139,50 € durchschnittlicher Zusatzbeitrag (angenommen!) 20,00 € individuelle Belastungsgrenze (2% von 900 €) 18,00 € erforderlicher Sozialausgleich 2,00 € einzubehaltender KV-AN-Anteil (73,80 € ./. 2,00 €) 71,80 € KV-AG-Anteil (unverändert) 65,70 € KV-Gesamtbeitrag mit Sozialausgleich 137,50 €
Durchschnittlicher Zusatzbeitrag 2012	Für 2012 hat das Bundesministerium für Gesundheit den durchschnittlichen Zusatzbeitrag auf 0,00 € festgelegt. Damit entfällt auch der Sozialausgleich im Jahr 2012.
KV-Beitragsangaben im Beitragsnachweis (§ 28f Abs. 3 SGB IV)	Ab 2012 ist in den Beitragsnachweisen zusätzlich zu den zu zahlenden Krankenversicherungsbeiträgen die Höhe der Krankenversicherungsbeiträge nachzuweisen, die ohne die Durchführung des Sozialausgleichs zu zahlen gewesen wären. Sofern kein Sozialausgleich durchzuführen ist, entspricht der zusätzlich anzugebende Betrag den tatsächlich zu zahlenden Krankenversicherungsbeiträgen.
	Diese zusätzlichen Angaben sind nicht erforderlich, wenn es sich um KV-Pauschalbeiträge für geringfügig entlohnte Beschäftigte handelt, da diese Beschäftigten keine eigenen Beiträge zahlen und für sie demzufolge auch kein Sozialausgleich vorgesehen ist.
Neue GKV-Monatsmeldung (§ 28a Abs. 1 Satz 1 Nr. 10, § 28h Abs. 2a Nr. 2 und 3 SGB IV)	Ab 2012 ist für alle versicherungspflichtig Mehrfachbeschäftigten eine GKV-Monatsmeldung (Grund der Abgabe = 58) abzugeben.
	Dabei ist für versicherungspflichtig Mehrfachbeschäftigte, die Arbeitsentgelt innerhalb der Gleitzone beziehen, das Arbeitsentgelt ohne Anwendung der Gleitzonenregelung anzugeben. Die Krankenkasse meldet den betreffenden Arbeitgebern mit einer so genannten Krankenkassenmeldung das Gesamtentgelt aller Beschäftigungsverhältnisse zurück. Aus diesem Gesamtentgelt kann der Arbeitgeber die (ggf. ermäßigte) Bemessungsgrundlage für das beitragspflichtige Arbeitsentgelt des Arbeitnehmers errechnen.
	Der Arbeitgeber erhält ebenfalls eine Krankenkassenmeldung, wenn sich das Gesamtentgelt ändert oder wenn die weitere versicherungspflichtige Beschäftigung entfallen ist.
	Auch für Versicherungspflichtige, die mit ihrem Arbeitsentgelt aus den Mehrfachbeschäftigungen die Beitragsbemessungsgrenzen in der KV/PV bzw. in der RV/AV überschreiten, teilt die Krankenkasse den betreffenden Arbeitgebern das Gesamtentgelt mit. Aus dem Gesamtentgelt kann der Arbeitgeber durch eine Verhältnisrechnung die anteiligen Beitragsbemessungsgrenzen bestimmen und auf dieser Grundlage die Beitragsberechnung durchführen.

Überblick über die Beitragsgruppen der Sozialversicherung

Die **numerisch** bezeichneten Beitragsgruppen sind entsprechend der Meldevorschriften der Verordnung über die Erfassung und Übermittlung von Daten für die Träger der Sozialversicherung (Datenerfassungs- und -übermittlungsverordnung – DEÜV) vom 10. 2. 1998, BGBl S. 343 in den Meldungen zur Sozialversicherung so zu verschlüsseln, dass für jeden Beschäftigten in der Reihenfolge: Krankenversicherung, Rentenversicherung, Arbeitslosenversicherung und Pflegeversicherung die jeweils zutreffende Ziffer anzugeben ist. Es gilt folgender Nummernschlüssel:

Krankenversicherung (KV)		**Rentenversicherung (RV)**		**Arbeitslosenversicherung (ALV)**	
für Zeiten ab 1.1.2009)					
kein Beitrag	0	kein Beitrag	0	kein Beitrag	0
allgemeiner Beitrag	1	voller Beitrag	1	voller Beitrag	1
ermäßigter Beitrag	3	halber Beitrag	3	halber Beitrag	2
Beitrag zur landwirtschaftlichen KV	4	Pauschalbeitrag	5		
Arbeitgeberbeitrag zur landwirtschaftlichen KV	5			**Pflegeversicherung (PV)**	
Pauschalbeitrag zur KV	6			kein Beitrag 0	
freiwillige Krankenversicherung Firmenzahler	9			voller Beitrag	1
				halber Beitrag	2

Die folgende Darstellung enthält die numerisch bezeichneten Beitragsgruppen, die im Rahmen der Beitragsberechnung und -abführung im Beitragsnachweis angewendet werden. Für Abrechnungszeiträume ab Januar 2009 sind ausschließlich nachstehende Zeilen zu nutzen.

Beiträge zur	Numerische Bezeichnungen für die Beitragsgruppen im Beitragsnachweis			
	KV	RV	ALV	PV
Krankenversicherung, allgemeiner Beitragssatz	1	0	0	0
Krankenversicherung, ermäßigter Beitragssatz	3	0	0	0
Krankenversicherung für geringfügig Beschäftigte	6	0	0	0
Rentenversicherung, voller Beitrag	0	1	0	0
Rentenversicherung, halber Beitrag	0	3	0	0
Rentenversicherung für geringfügig Beschäftigte	0	5	0	0
Arbeitsförderung, voller Beitrag	0	0	1	0
Arbeitsförderung, halber Beitrag	0	0	2	0
sozialen Pflegeversicherung	0	0	0	1

Fälligkeitstage für SV-Beiträge

Fälligkeitstage (2012)	Jan.	Febr.	März	April	Mai	Juni	Juli	Aug.	Sept.	Okt.	Nov.	Dez.
Beitragsnachweis (§ 28f Abs. 3 SGB IV)	25.	23.	26.	24.	24.	25.	25.	27.	24.	24.[1]/ 25.	26.	19.
Beiträge (§ 23 Abs. 1 SGB IV)	27.	27.	28.	26.	29.	27.	27.	29.	26.	26.[1]/ 29.	28.	21.

[1] gilt für Bundesländer, in denen der 31. Oktober Feiertag ist; maßgebend ist der Hauptsitz der Einzugsstelle

Besonderheiten bei Arbeitsentgelten zwischen 400 € und 800 € (Gleitzone)

Rechtsquelle: Sozialgesetzbuch (SGB), IV. Buch	
Begriff der Gleitzone im Sinne des § 20 SGB IV	Arbeitnehmer, deren monatliches Arbeitsentgelt regelmäßig zwischen 400,01 € und 800,00 € liegt, werden bei den Sozialabgaben entlastet. Die Sozialversicherungsbeiträge werden von einer ermäßigten Bemessungsgrundlage erhoben. Die Beitragserhebung nach einer ermäßigten Bemessungsgrundlage gilt nicht für Personen, die zu ihrer Berufsausbildung beschäftigt sind (z. B. Azubis und Praktikanten).
Ermittlung der ermäßigten Bemessungsgrundlage	Die ermäßigte Bemessungsgrundlage wird aus dem Arbeitsentgelt (AE) nach folgender Berechnungsformel ermittelt: $$F \times 400 + (2 - F) \times (AE - 400)$$ Der Faktor F ist vom durchschnittlichen Gesamtsozialversicherungsbeitragssatz des jeweiligen Kalenderjahres abhängig. Im Jahr 2012 beträgt der Faktor F = 0,7491. Damit ergibt sich für die ermäßigte Bemessungsgrundlage (2012) folgende Formel: $$1,2509 \times AE - 200,72 \text{ €}$$
Arbeitgeberanteil am SV-Beitrag	Der Arbeitgeber zahlt weiterhin seine Beitragsanteile zur KV, RV, AV, PV, die sich aus dem der Beschäftigung tatsächlich zugrunde liegenden Arbeitsentgelt ergeben.
Arbeitnehmeranteil SV-Beitrag	Die Arbeitnehmeranteile errechnen sich aus der Differenz zwischen Gesamtbeiträgen zur KV, RV, AV, PV und den Arbeitgeberanteilen.
Beispiel	Arbeitsentgelt: 600,00 €, Beitragssatz KV: 15,5 %: Ermäßigte Bemessungsgrundlage: 1,2509 x 600,00 € - 200,72 € = 549,82 € KV-Beitrag: 549,82 € x 15,5% = 85,22 € AG-Anteil: 600,00 € x 7,3% = 43,80 € AN-Anteil: 85,22 € - 43,80 € = 41,42 € Die Beiträge und Beitragsanteile zur RV, AV und PV sind analog zu ermitteln.
Aufstockungsoption in der gesetzlichen Rentenversicherung	Beschäftigte mit einem Arbeitsentgelt in der Gleitzone haben die Möglichkeit, den vollen RV-Beitrag zu zahlen. Der RV-Beitrag ist dann aus dem tatsächlichen Arbeitsentgelt zu berechnen. Der Arbeitgeber ist *nicht* verpflichtet, seine Arbeitnehmer über die Aufstockungsmöglichkeit zu informieren. Die Aufstockung von RV-Beiträgen ist nur mit Wirkung für die Zukunft und nur einheitlich für mehrere Beschäftigungen möglich und für die Dauer der Beschäftigung bindend. (Krankengeld und Arbeitslosengeld werden so berechnet, als ob ungeminderte Arbeitnehmerbeiträge entrichtet worden wären.)
Zusammenrechnung mehrerer Beschäftigungen	Werden mehrere Beschäftigungen ausgeübt, deren Arbeitsentgelte insgesamt innerhalb der Gleitzone liegen, ist für die Berechnung der Bemessungsgrundlage folgende, für 2012 bereits vereinfachte Formel anzuwenden: (1,2509 x Summe AE - 200,72 €) x AE / Summe AE
Formeln für beitragspflichtige Einnahmen bei schwankenden Bezügen	Erhält ein Arbeitnehmer monatlich unterschiedliche Arbeitsentgelte, die jedoch regelmäßig zwischen 400,01 € und 800,00 € liegen, erfolgt die Ermittlung der Bemessungsgrundlage (2012) nach folgenden Formeln: AE kleiner als 400 € 0,7491 x AE AE zwischen 400 € und 800 € 1,2509 x AE - 200,72 € AE größer als 800 € AE
Ab- und Jahresmeldungen zur Sozialversicherung	In den Ab- und Jahresmeldungen ist bei Nichtaufstockung des RV-Beitrages als Arbeitsentgelt das verminderte beitragspflichtige Arbeitsentgelt anzugeben. Meldungen, die Arbeitsentgelte auf verminderter Bemessungsgrundlage enthalten, sind mit dem entsprechenden Kennzeichen für die Gleitzone zu versehen: 0 = nur Arbeitsentgelte außerhalb der Gleitzone 1 = nur Arbeitsentgelte innerhalb der Gleitzone 2 = Arbeitsentgelte sowohl innerhalb als auch außerhalb der Gleitzone

echtsquelle: Altersvermögensgesetz (AVmG) vom 26.6.2001, BGBl. I S. 1310, Alterseinkünftegesetz (AltEinkG) vom 5.7.2004, BGBl. I S. 1427 und Gesetz zur Förderung der zusätzlichen Altersvorsorge vom 10.12.2007, BGBl. I S. 2838

Form der betrieblichen Altersversorgung	Finanzierung der Beiträge	Sozialversicherungs-rechtliche Beurteilung der Finanzierungsbeiträge		Rechts-grundlagen
		als Zusatz-leistungen des Arbeit-gebers	aus Entgelt-umwandlungen	
nterstützungskasse / irekzusage	aus Zahlungen des Arbeitgebers (Zusage einer Versorgungsleistung, kein Zufluss von Arbeitslohn)	kein versicherungs-pflichtiges Arbeitsentgelt	bis zu 4% der BBG (RV) beitragsfrei	§ 11 EStG, § 14 SGB IV,
ensionskasse	aus steuerfreiem Arbeitslohn bis zu 4% der Beitragsbemessungsgrenze in der allgemeinen Rentenversicherung	beitragsfrei		§ 3 Nr. 63 EStG, § 1 Abs. 1 Nr. 9 SvEV
	aus steuerpflichtigem Arbeitslohn, Pauschallohnsteuer 20% begrenzt auf die Beträge 1752 € bzw. 2148 € je Kalenderjahr (ab 1.1.2005 nur bei nicht kapitalgedeckter betrieblicher Altersversorgung möglich)	beitragsfrei	aus Sonder-zahlungen beitragsfrei	§ 40b EStG, § 1 Abs. 1 Nr. 4 SvEV
	aus steuerpflichtigem Arbeitslohn, individuelle Besteuerung nach LSt-Karte, Förderung durch Alters-vorsorgezulage bzw. durch zusätz-lichen Sonderausgabenabzug	beitragspflichtig		§ 82 EStG, § 10a EStG
ensionsfonds	aus steuerfreiem Arbeitslohn bis zu 4% der Beitragsbemessungsgrenze in der allgemeinen Rentenversiche-rung	beitragsfrei		§ 3 Nr. 63 EStG, § 1 Abs. 1 Nr. 9 SvEV
	aus steuerpflichtigem Arbeitslohn, individuelle Besteuerung nach LSt-Karte, Förderung durch Alters-vorsorgezulage bzw. durch zusätz-lichen Sonderausgabenabzug	beitragspflichtig		§ 82 EStG, § 10a EStG
irektversicherung	aus steuerfreiem Arbeitslohn bis zu 4% der Beitragsbemessungsgrenze in der allgemeinen Rentenversiche-rung	beitragsfrei		§ 3 Nr. 63 EStG § 1 Abs. 1 Nr. 9 SvEV
	aus steuerpflichtigem Arbeitslohn, Pauschallohnsteuer 20% begrenzt auf die Beträge 1752 € bzw. 2148 € je Kalenderjahr (nur bei Altzusagen vor dem 1.1.2005 und Verzicht des Arbeitnehmers auf Steuerfreiheit möglich)	beitragsfrei	aus Sonder-zahlungen beitragsfrei	§ 40b EStG, § 1 Abs. 1 Nr. 4 SvEV
	aus steuerpflichtigem Arbeitslohn, individuelle Besteuerung nach LSt-Karte, Förderung durch Alters-vorsorgezulage bzw. durch zusätz-lichen Sonderausgabenabzug	beitragspflichtig		§ 82 EStG, § 10a EStG

Praktikanten in der Sozialversicherung

Zeitpunkt des Praktikums und Voraussetzungen			SV-rechtliche Beurteilung	
			Kranken- und Pflegeversicherung	**Renten- und Arbeitslosenversicherung**
	Praktikanten mit Vergütung		Berechnung und Tragung der Sozialversicherungsbeiträge erfolgt wie bei Arbeitnehmern. Regelungen zur Geringfügigkeit gelten nicht. Bei Vergütungen bis zu 325,00 € monatlich zahlt der Arbeitgeber die vollen Beiträge allein. Abweichend von den besonderen Vorschriften für die Pflegeversicherung gilt das auch für den Beitragszuschlag für Kinderlose (§ 20 Abs. 3 Nr. 1 SGB IV). Diesen hat der Arbeitgeber zu tragen, sofern der Praktikant bereits das 23. Lebensjahr vollendet hat (in Höhe von 0,25 % des sv-pflichtigen Entgelts). Es sind auch die für Arbeitnehmer üblichen Meldungen zur Sozialversicherung vorzunehmen.	
Vor- bzw. Nachpraktikum lt. Studien- oder Prüfungsordnung vorgeschrieben	**Praktikanten ohne Vergütung**	mit Familienversicherung	Beitragsfreiheit (kein AG-Pauschalbeitrag zur KV)	monatlicher Beitrag vom 1.1.2012 bis 31.12.2012 — **West** RV = 5,15 €, AV = 0,79 € — **Ost** RV = 4,39 €, AV = 0,67 € Die Beiträge (2012: 19,6 % RV / 3,0 % AV) trägt der Arbeitgeber allein. Beitragsbemessungsgrundlage ist ein fiktives Arbeitsentgelt in Höhe von 1 % der Bezugsgröße nach § 18 SGB IV. Beitragsbemessungsgrundlage 2012: West — monatlich 26,25 € Ost — monatlich 22,40 € Das fiktive Arbeitsentgelt wird in den Meldungen eingetragen und bescheinigt.
		ohne Familienversicherung	*alle Bundesländer* monatlicher Beitrag vom 1.1.2012 bis 31.12.2012 KV = 64,77 € PV = 11,64 € bzw. 13,13 €[1] [1] einschließlich Zusatzbeitrag für Kinderlose ab vollendetem 23. Lebensjahr Die Beiträge trägt der Praktikant allein.	
Zwischenpraktikum während des Studiums lt. Studien- oder Prüfungsordnung vorgeschrieben	**Praktikanten mit/ohne Vergütung**	mit Familienversicherung	Beitragsfreiheit (kein AG-Pauschalbeitrag zur KV)	Beitragsfreiheit unabhängig von Dauer des Praktikums, wöchentlicher Arbeitszeit und Höhe der Praktikantenvergütung (kein AG-Pauschalbeitrag zur RV)
		ohne Familienversicherung	*alle Bundesländer* monatlicher Beitrag vom 1.1.2012 bis 31.12.2012 KV = 64,77 € PV = 11,64 € bzw. 13,13 €[1] [1] einschließlich Zusatzbeitrag für Kinderlose ab vollendetem 23. Lebensjahr Die Beiträge trägt der Praktikant allein.	

	von Studenten[1] als Arbeitnehmer			von Studenten[1] als Arbeitnehmer				Arbeitnehmern für die Dauer des Studiums
schäftigungs-verhältnisses	wöchentliche Arbeitszeit mehr als 20 Stunden		wöchentliche Arbeitszeit nicht mehr als 20 Stunden	länger als zwei Monate bei einer wöchentlichen Arbeitszeit von mehr als 20 Stunden		im Voraus auf höchstens zwei Monate bzw. 50 Arbeitstage befristet bei einer wöchentlichen Arbeitszeit von mehr als 20 Stunden	Summe der Beschäftigungszeiten für alle befristeten Beschäftigungen von mehr als 20 Stunden wöchentliche Arbeitszeit beträgt mehr als 26 Wochen bzw. mehr als 182 Kalendertage innerhalb von 12 Monaten (gerechnet vom voraussichtlichen Ende der aufzunehmenden Beschäftigung)	
Vereinbarungen zur Arbeitszeit bzw. zur Fortzahlung des Arbeitsentgelts	überwiegend an Arbeitstagen und in Normal-Arbeitszeit	vorwiegend an den Wochenenden und in den Abend- und Nachtstunden		ausschließlich während der Semesterferien	außerhalb der Semesterferien			Fortzahlung des Arbeitsentgelts
SV-rechtliche Beurteilung des Beschäftigungs-verhältnisses	SV-pflichtiges Beschäftigungsverhältnis	– monatliches Arbeitsentgelt bis 400,00 € KV-, PV-, RV- und AV-freies Beschäftigungsverhältnis, **aber:** 30 % AG-Pauschalabgabe (13 % KV, 15 % RV, 2 % PLSt) – monatliches Arbeitsentgelt mehr als 400,00 € KV-, PV- und AV-freies Beschäftigungsverhältnis, (keine AG-Pauschalabgabe) RV-Pflicht wie Arbeitnehmer		SV-pflichtiges Beschäftigungsverhältnis		KV-, PV- und AV-frei unabhängig von der Höhe des Arbeitsentgelts RV-Pflicht bei Beschäftigungen von mehr als 2 Monaten innerhalb eines Kalenderjahres	SV-pflichtiges Beschäftigungsverhältnis	SV-freies Beschäftigungsverhältnis bis zu einem fortgezahlten monatlichen Arbeitsentgelt von 400,00 € (30 % AG-Pauschalabgabe: 13 % KV, 15 % RV, 2 % PLSt) SV-pflichtiges Beschäftigungsverhältnis bei einem höheren fortgezahlten Arbeitsentgelt

1) Studenten, die an staatlichen oder staatlich anerkannten Hochschulen eingeschrieben sind.

Hinzuverdienstgrenzen bei Rentenanspruch

Rechtsquelle: Sozialgesetzbuch (SGB), VI. Buch, i. d. F. der Bekanntmachung vom 19. 2. 2002, BGBl. I S. 754, Artikel 5 des Gesetzes vom 8. 4. 2008, BGBl. I S. 681 und RWBestV 2011 vom 6. 6. 2011, BGBl. I S. 1039

Voraussetzungen für einen Rentenanspruch: Versicherte und ihre Hinterbliebenen haben Anspruch auf Rente, wenn die für die jeweilige Rente erforderliche Mindestversicherungszeit (Wartezeit) erfüllt ist und die jeweiligen besonderen versicherungsrechtlichen und persönlichen Voraussetzungen vorliegen.

Regelaltersrente nach erreichter Regelaltersgrenze (§ 35)	Altersvollrente vor Erreichen der Regelaltersgrenze (§ 34)	Altersteilrente (§ 34)	Witwen-/Witwerrente und Erziehungsrente (§§ 97, 314)	Waisenrente nach Vollendung des 18. Lebensjahres (§ 97)
Jedes Einkommen ist rentenunschädlich. Es ist ein unbegrenzter Hinzuverdienst möglich.	Die monatliche Hinzuverdienstgrenze (brutto) beträgt im Jahr 2012 bei einer Rente wegen Alters als Vollrente 400,00 €. Ein zweimaliges Überschreiten der Hinzuverdienstgrenze pro Rentenjahr bis zum doppelten Betrag ist zulässig, sofern das Überschreiten auf Einmalzahlungen beruht.	Die allgemeine Hinzuverdienstgrenze (brutto) beträgt im Jahr 2012 bei einer Rente wegen Alters als 1/3-Teilrente 984,38 € West 873,29 € Ost (1. Hj.). 1/2-Teilrente 748,13 € West 663,70 € Ost (1. Hj.). 2/3-Teilrente 511,88 € West 454,11 € Ost (1. Hj.). Die individuell höhere Hinzuverdienstgrenze richtet sich bis zur Vollendung des 65. Lebensjahres nach den in den letzten drei Kalenderjahren vor Beginn der ersten Rente wegen Alters erreichten Summe der Entgeltpunkte, wenn diese mehr als 1,5 betragen hat. Ein zweimaliges Überschreiten der Hinzuverdienstgrenze pro Rentenjahr bis zum jeweilig doppelten Betrag ist zulässig, sofern das Überschreiten auf Einmalzahlungen beruht.	Das Erwerbseinkommen (netto) wird auf die Rente angerechnet. Im 1. Halbjahr 2012 beträgt der monatliche Mindestfreibetrag 725,21 € West 643,37 € Ost. Für jedes Kind des Berechtigten erhöht sich dieser Betrag um 153,83 € West 136,47 € Ost. Vom Nettoeinkommen, das diesen Freibetrag übersteigt, werden 40 % angerechnet.	Das Erwerbseinkommen (netto) wird auf die Rente angerechnet. Im 1. Halbjahr 2012 beträgt der monatliche Mindestfreibetrag 483,47 € West 428,91 € Ost. Für jedes Kind des Berechtigten erhöht sich dieser Betrag um 153,83 € West 136,47 € Ost. Vom Nettoeinkommen, das diesen Freibetrag übersteigt, werden 40 % angerechnet.

...raussetzungen) für einen Rentenanspruch. Versicherte haben Anspruch auf Rente, wenn die für die jeweilige Rente erforderliche Mindestversicherungszeit (Wartezeit) erfüllt ist und die jeweiligen besonderen versicherungsrechtlichen und persönlichen Voraussetzungen vorliegen.

Rente wegen Berufsunfähigkeit[1] (§ 313)	Rente wegen Erwerbsunfähigkeit[1] (§ 313)	Rente wegen teilweiser Erwerbsminderung[2] (§ 96a)	Rente wegen voller Erwerbsminderung[2] (§ 96a)
Die Zahlung dieser Rente erfolgt im Jahr 2012 bei einem allgemeinen Hinzuverdienst (brutto) bis zu	Die monatliche Hinzuverdienstgrenze (brutto) beträgt im Jahr 2012 bei einer Rente wegen Erwerbsunfähigkeit	Die Zahlung dieser Rente erfolgt im Jahr 2012 bei einem allgemeinen Hinzuverdienst (brutto) bis zu	Die Zahlung dieser Rente erfolgt im Jahr 2012 bei einem allgemeinen Hinzuverdienst (brutto) bis zu
748,13 € *West* 663,70 € *Ost (1. Hj.)* als Vollrente,	400,00 €	905,63 € *West* 803,42 € *Ost (1. Hj.)* in voller Höhe,	400,00 € in voller Höhe,
997,50 € *West* 884,93 € *Ost (1. Hj.)* als 2/3-Teilrente,		1 102,50 € *West* 978,08 € *Ost (1. Hj.)* in Höhe von 1/2 der Rente.	669,38 € *West* 593,84 € *Ost (1. Hj.)* in Höhe von 3/4 der Rente.
1 233,75 € *West* 1094,52 € *Ost (1. Hj.)* als 1/3-Teilrente.		Die individuell höhere Hinzuverdienstgrenze richtet sich nach der in den letzten drei Kalenderjahren vor Eintritt der teilweisen Erwerbsminderung erreichten Summe der Entgeltpunkte, wenn diese mehr als 1,5 betragen hat.	905,63 € *West* 803,42 € *Ost (1. Hj.)* in Höhe von 1/2 der Rente,
			1 102,50 € *West* 978,08 € *Ost (1. Hj.)* in Höhe von 1/4 der Rente.
Die individuell höhere Hinzuverdienstgrenze richtet sich nach der im letzten Kalenderjahr vor Eintritt der Berufsunfähigkeit erreichten Entgeltpunkten, wenn diese mehr als 0,5 betragen haben.	Ein zweimaliges Überschreiten der Hinzuverdienstgrenze pro Rentenjahr bis zum doppelten Betrag ist zulässig, sofern das Überschreiten auf Einmalzahlungen beruht.	Ein zweimaliges Überschreiten der Hinzuverdienstgrenze pro Rentenjahr bis zum jeweiligen doppelten Betrag ist zulässig, sofern das Überschreiten auf Einmalzahlungen beruht.	Die individuell höhere Hinzuverdienstgrenze richtet sich nach der in den letzten drei Kalenderjahren vor Eintritt der vollen Erwerbsminderung erreichten Summe der Entgeltpunkte, wenn diese mehr als 1,5 betragen hat.
Ein zweimaliges Überschreiten der Hinzuverdienstgrenze pro Rentenjahr bis zum jeweiligen doppelten Betrag ist zulässig, sofern das Überschreiten auf Einmalzahlungen beruht.			Ein zweimaliges Überschreiten der Hinzuverdienstgrenze pro Rentenjahr bis zum jeweiligen doppelten Betrag ist zulässig, sofern das Überschreiten auf Einmalzahlungen beruht.

[1] bei Rentenbeginn wegen verminderter Erwerbsfähigkeit vor dem 1.1.2001

[2] bei Rentenbeginn wegen verminderter Erwerbsfähigkeit ab 1.1.2001

Angabe des Tätigkeitsschlüssels in den Meldungen zur Sozialversicherung

Rechtsquelle: § 28a Abs. 3 Nr. 5 SGB IV

Der Tätigkeitsschlüssel ist in jeder Meldung zur Sozialversicherung einzutragen. Diese Angaben fließen in die Beschäftigungsstatistik der Bundesagentur für Arbeit ein.

Seit 1.12.2011 ist ein 9-stelliger Tätigkeitsschlüssel zu verwenden
– bei Anmeldungen, wenn der Meldezeitraum nach dem 30.11.2011 beginnt,
– bei Entgeltmeldungen (Abmeldungen, Jahresmeldungen, Unterbrechungsmeldungen, sonstige Entgeltmeldungen), wenn der Meldezeitraum nach dem 30.11.2011 endet.

Für Meldungen, die sich auf Meldezeiträume bis zum 30.11.2011 beziehen, ist unabhängig vom Zeitpunkt der Meldung der frühere 5-stellige Tätigkeitsschlüssel zu verwenden.

Stelle 1 bis 5: Ausgeübte Tätigkeit (AT)	Maßgebend ist die im aktuellen Beschäftigungsverhältnis ausgeübte Tätigkeit. Auszubildende und Praktikanten werden mit der Tätigkeit verschlüsselt, die sie mit ihrer Ausbildung anstreben bzw. in der sie das Praktikum absolvieren. Die Schlüsselzahlen für die ausgeübte Tätigkeit sind dem amtlichen Schlüsselverzeichnis der Bundesagentur für Arbeit zu entnehmen.
Stelle 6: Höchster allgemein- bildender Schulab- schluss (AS)	Als Schulabschluss gilt der Besuch einer Schule mit erfolgreichem Abschluss der Prüfungen. 1 = ohne Schulabschluss 2 = Haupt-/Volksschulabschluss 3 = mittlere Reife oder gleichwertiger Abschluss 4 = Abitur/Fachabitur 9 = Abschluss unbekannt (nur, wenn überhaupt keine Informationen vorliegen)
Stelle 7: Höchster beruflicher Ausbildungsab- schluss (BA)	1 = ohne beruflichen Ausbildungsabschluss 2 = Abschluss einer anerkannten Berufsausbildung 3 = Meister-/Techniker- oder gleichwertiger Fachschulabschluss 4 = Bachelor 5 = Diplom/Magister/Master/Staatsexamen 6 = Promotion 9 = Abschluss unbekannt (nur, wenn überhaupt keine Informationen vorliegen)
Stelle 8: Arbeitnehmerüber- lassung (AÜ)	1 = nein, wenn kein Zeitbeschäftigungsverhältnis vorliegt 2 = ja, wenn ein Zeitbeschäftigungsverhältnis vorliegt Betriebe, die keine Arbeitnehmer überlassen, können jeden Beschäftigten mit 1 = nein verschlüsseln. Betriebe mit einer Erlaubnis zur gewerbsmäßigen Arbeitnehmerüberlassung verschlüsseln nur das überlassene Personal mit 2 = ja.
Stelle 9: Vertragsform (VF)	1 = Vollzeit, unbefristet 2 = Teilzeit, unbefristet 3 = Vollzeit, befristet 4 = Teilzeit, befristet Als teilzeitbeschäftigt gilt jeder Arbeitnehmer, der nicht vollzeitbeschäftigt ist. Eine unbefristete Beschäftigung liegt vor, wenn der Arbeitsvertrag auf unbestimmte Zeit abgeschlossen wurde. Ausnahme: Wird im Rahmen einer Altersteilzeit das Ende der Beschäftigung vereinbart, gilt diese Beschäftigung ebenfalls als unbefristet. Beim Blockmodell sind Beschäftigungs- und Freistellungsphase durchgängig als Vollzeit zu verschlüsseln. Beim Teilzeitmodell ist die Arbeitszeit durchgängig als Teilzeit zu kennzeichnen.

Hinweis: Der neue Tätigkeitsschlüssel kann online unter http://bns-ts.arbeitsagentur.de ermittelt werden.

IV. Rechtliche Einzelfragen

Verjährungsfristen für privatrechtliche Ansprüche nach BGB (ab 1. 1. 2002)

Ansprüche	Verjährungsfrist		Rechtsquelle
	Dauer	Beginn	
Regelverjährung für alle Ansprüche, insbesondere Erfüllungs- und Entgeltansprüche aus Schuldverträgen mit Ausnahme des Grundstückskaufs	3 Jahre	Schluss des Jahres ab Entstehung des Anspruchs und Kenntnis bzw. grob fahrlässige Unkenntnis des Gläubigers von anspruchsbegründenden Umständen und der Person des Schuldners	§§ 195, 199 Abs. 1
	10 Jahre	spätestens ohne Rücksicht auf Kenntnis bzw. grob fahrlässige Unkenntnis ab Entstehung	§ 199 Abs. 4
Erwerb von Grundstücken und Grundstücksrechten einschließlich der Ansprüche auf Gegenleistung (= Kaufpreis etc.)	10 Jahre	ab Entstehung	§§ 196, 200
Herausgabe aus Eigentum und anderen dinglichen Rechten	30 Jahre	ab Entstehung	§§ 197 Abs. 1 Nr. 1, 200
Mängel beim Kauf- und Werkvertrag – bei beweglichen Sachen und Grundstücken – bei Baustoffen – bei Bauwerken – Arglist bei Lieferung bzw. Herstellung beweglicher Sachen	2 Jahre 5 Jahre 5 Jahre 3 Jahre	ab Ablieferung bzw. Übergabe ab Entstehung des Anspruchs und Kenntnis (s. Regelverjährung)	§§ 438, 638a
bei Rechtsmängel der Sache	30 Jahre	ab Ablieferung bzw. Entstehung	
Schadenersatzansprüche	3 Jahre	ab Entstehung des Anspruchs und Kenntnis (s. Regelverjährung)	
– wegen Körper- und Gesundheitsschäden oder Verletzung der Freiheit	spätestens 30 Jahre	ab Begehung der Handlung, Pflichtverletzung oder Eintritt der sonstigen Schadensursache auch vor Entstehung des Anspruchs oder ohne Kenntnis bzw. Kennenmüssen	§ 199 Abs. 3 Nr. 1
– wegen Sach- und Vermögensschäden	10 Jahre	ab Entstehung des Anspruchs ohne Kenntnis bzw. Kennenmüssen	§ 199 Abs. 3 Nr. 2
	spätestens 30 Jahre	ab Begehung der Handlung, Pflichtverletzung oder Entstehen einer sonstigen Schadenssache	
Rechtskräftig festgestellte Ansprüche	30 Jahre	ab Ausfertigung des Titels	§§ 197 Abs. 1 Nr. 3, 201
In Vergleichen und vollstreckbare Urkunden festgestellte Ansprüche	30 Jahre	ab Ausfertigung des Vergleichs oder der Urkunde	§§ 197 Abs. 1 Nr. 4, 201

Die kurzen zwei- und vierjährigen Verjährungsfristen für Entgeltansprüche von Unternehmern und für Zinsansprüche sind wegen der erheblich auf 3 Jahre verkürzten Regelverjährung entfallen. Die noch kürzeren Verjährungsfristen anderer Ansprüche, etwa das Vermieters oder Mieters wegen Veränderungen oder Verschlechterungen der Mietsache bzw. des Mieters auf Aufwendungsersatz – jeweils sechs Monate nach Vertragsbeendigung gem. § 548 – wurden nicht geändert.

Die Verjährungsfrist kann durch Vertrag oder auch durch AGB angemessen auf etwa ein Jahr verkürzt und bis 30 Jahre verlängert werden (§ 202).

Grundtabelle zur Ermittlung der Gerichtsgebühren

Rechtsquelle: Gerichtskostengesetz (GKG) – Artikel 1 des Kostenrechtsmodernisierungsgesetzes (KostRMoG) vom 5.5.2004, BGBl I S. 718, 775 (Anlage 2 zu § 34)

Streitwert bis zu €	Gebühr in €	Streitwert bis zu €	Gebühr in €	Streitwert bis zu €	Gebühr in €	Streitwert bis zu €	Gebühr in €
300	25	6 000	136	40 000	398	200 000	1 456
600	35	7 000	151	45 000	427	230 000	1 606
900	45	8 000	166	50 000	456	260 000	1 756
1 200	55	9 000	181	65 000	556	290 000	1 906
1 500	65	10 000	196	80 000	656	320 000	2 056
2 000	73	13 000	219	95 000	756	350 000	2 206
2 500	81	16 000	242	110 000	856	380 000	2 356
3 000	89	19 000	265	125 000	956	410 000	2 506
3 500	97	22 000	288	140 000	1 056	440 000	2 656
4 000	105	25 000	311	155 000	1 156	470 000	2 806
4 500	113	30 000	340	170 000	1 256	500 000	2 956
5 000	121	35 000	369	185 000	1 356	je weitere 50 000	150

Die Mindestgebühr beträgt nach dem Kostenverzeichnis 10 €.

Kostenverzeichnis für Verfahren vor den Gerichten der Finanzgerichtsbarkeit[1]

Rechtsquelle: Gerichtskostengesetz (GKG) – Artikel 1 des Kostenrechtsmodernisierungsgesetzes (KostRMoG) vom 5.5.2004, BGBl. I S. 718, 763 (Anlage 1 zu § 3 Abs. 2)

Die Gebühren bestimmen sich nach der Grundtabelle zur Ermittlung der Gerichtsgebühren lt. Anlage 2 zu § 34 GKG und sind auf Seite 106 dargestellt.

Nr. des Kosten-verzeich-nisses	Gebührentatbestand	Gebühr oder Satz der Gebühr nach § 34 GKG
	I. Prozessverfahren	
	1. Erster Rechtszug	
6110	Verfahren im Allgemeinen, soweit es sich nicht nach § 45 Abs. 3 FGO erledigt	4,0

6111	Beendigung des gesamten Verfahrens durch
	1. Zurücknahme der Klage
	  a) vor dem Schluss der mündlichen Verhandlung oder,
	  b) wenn eine solche nicht stattfindet, vor Ablauf des Tages, an dem das Urteil oder
	    der Gerichtsbescheid der Geschäftsstelle übermittelt wird, oder
	2. Beschluss in den Fällen des § 138 FGO,
	es sei denn, dass bereits ein Urteil oder ein Gerichtsbescheid vorausgegangen ist:
	Die Gebühr 6110 ermäßigt sich auf . . . .
		2,0

	2. Revision	
6120	Verfahren im Allgemeinen	5,0
6121	Beendigung des gesamten Verfahrens durch Zurücknahme der Revision oder der Klage, bevor die Schrift zur Begründung der Revision bei Gericht eingegangen ist: Die Gebühr 6120 ermäßigt sich auf . . . . Erledigungen in Fällen des § 138 FGO stehen der Zurücknahme gleich.	1,0

6122	Beendigung des gesamten Verfahrens, wenn nicht Nummer 6121 erfüllt ist, durch
	1. Zurücknahme der Revision oder der Klage
	  a) vor dem Schluss der mündlichen Verhandlung oder,
	  b) wenn eine solche nicht stattfindet, vor Ablauf des Tages, an dem das Urteil,
	    der Gerichtsbescheid oder der Beschluss in der Hauptsache der Geschäfts-
	    stelle übermittelt wird, oder	

[1] Nach der AO entstehen bei steuerlichen Rechtsbehelfen, wie bei einem Einspruch gegen einen Steuerbescheid, aber keine Gebühren.

Nr. des Kostenverzeichnisses	Gebührentatbestand	Gebühr oder Satz der Gebühr nach § 34 GKG
	2. Revision (Forts.)	
	2. Beschluss in den Fällen des § 138 FGO, es sei denn, dass bereits ein Urteil, ein Gerichtsbescheid oder ein Beschluss in der Hauptsache vorausgegangen ist: Die Gebühr 6120 ermäßigt sich auf	3,0
	II. Vorläufiger Rechtsschutz	
	Die Vorschriften dieses Hauptabschnitts gelten für einstweilige Anordnungen und für Verfahren nach § 69 Abs. 3 und 5 FGO. Im Verfahren über den Antrag auf Erlass und im Verfahren über den Antrag auf Aufhebung einer einstweiligen Anordnung werden die Gebühren jeweils gesondert erhoben. Mehrere Verfahren nach § 69 Abs. 3 und 5 FGO gelten innerhalb eines Rechtszugs als ein Verfahren.	
	1. Erster Rechtszug	
6210	Verfahren im Allgemeinen	2,0
6211	Beendigung des gesamten Verfahrens durch 1. Zurücknahme des Antrags a) vor dem Schluss der mündlichen Verhandlung oder, b) wenn eine solche nicht stattfindet, vor Ablauf des Tages, an dem der Beschluss (§ 114 Abs. 4 FGO) der Geschäftsstelle übermittelt wird oder 2. Beschluss in den Fällen des § 138 FGO, es sei denn, dass bereits ein Beschluss nach § 114 Abs. 4 FGO vorausgegangen ist: Die Gebühr 6210 ermäßigt sich auf	0,75
	2. Beschwerde	
	Die Vorschriften dieses Abschnitts gelten für Beschwerden gegen Beschlüsse über einstweilige Anordnungen (§114 FGO) und über die Aussetzung der Vollziehung (§ 69 Abs. 3 und 5 FGO).	
6220	Verfahren über die Beschwerde	2,0
6221	Beendigung des gesamten Verfahrens durch Zurücknahme der Beschwerde: Die Gebühr 6220 ermäßigt sich auf	1,0
	III. Besondere Verfahren	
6300	Selbstständiges Beweisverfahren	1,0
6301	Verfahren über Anträge auf gerichtliche Handlungen der Zwangsvollstreckung gemäß § 152 FGO	15,00 €
	IV. Rüge wegen Verletzung des Anspruchs auf rechtliches Gehör	
6400	Verfahren über die Rüge wegen Verletzung des Anspruchs auf rechtliches Gehör (§ 321a ZPO, § 155 FGO): Die Rüge wird in vollem Umfang verworfen oder zurückgewiesen	50,00 €
	V. Sonstige Beschwerden	
6500	Verfahren über die Beschwerde gegen die Nichtzulassung der Revision: Soweit die Beschwerde verworfen oder zurückgewiesen wird	2,0
6501	Verfahren über die Beschwerde gegen die Nichtzulassung der Revision: Soweit die Beschwerde zurückgenommen oder das Verfahren durch anderweitige Erledigung beendet wird	1,0
6502	Die Gebühr entsteht nicht, soweit die Revision zugelassen wird. Verfahren über nicht besonders aufgeführte Beschwerden, die nicht nach anderen Vorschriften gebührenfrei sind: Die Beschwerde wird verworfen oder zurückgewiesen	50,00 €
	Wird die Beschwerde nur teilweise verworfen oder zurückgewiesen, kann das Gericht die Gebühr nach billigem Ermessen auf die Hälfte ermäßigen oder bestimmen, dass eine Gebühr nicht zu erheben ist.	

Aufbewahrungsfristen für Schriftgut [1]

Art der Unterlage	Aufbe-wahrungsfrist in Jahren	Art der Unterlage	Aufbe-wahrungsfrist in Jahren
Abtretungserklärungen	6	**C**omputerausdrucke (Buchungsjournal, Offene-Posten-Liste)	10
Akkreditive und Unterlagen	10		
Aktenvermerke	6		
Angebote	6	**D**arlehensunterlagen (soweit nicht Buchungsgrundlage)	6
Anhang zum Jahresabschluss	10		
Anlagezu- und -abgangsmeldungen	10	Datenflusspläne für die EDV-Buchführung	10
Anlagevermögenskarteien und -bücher	10	Datenträger mit gespeicherten Buch-führungsunterlagen	10
Anlagenverzeichnis	10		
Arbeitsanweisungen für EDV-Buchführung	10	Dauerauftragsunterlagen (soweit nicht Buchungsunterlage)	6
Auftragsbestätigungen	6		
Auftrags- und Bestellunterlagen	6	Depotauszüge und -bestätigungen	10
Ausfuhrgenehmigungen	6	Depotbücher	10
Ausfuhrunterlagen	6	Devisenunterlagen, allgemeine	6
Ausgangsrechnungen	10	Dubiosenunterlagen	10
		EDV-Journal	10
BaB mit Belegen (soweit Unterlagen zur Inventurbewertung)	10	Einfuhrunterlagen	6
		Eingangsrechnungen	10
Bankauszüge	10	Eingangsrechnungen, soweit diese Werkleistungen im Zusammenhang mit einem Grundstück im privaten Bereich betreffen	2
Bankbelege	10		
Bankbürgschaften	6		
Baubücher	6		
Beförderungspapiere im Güterkraftverkehr	6	Einheitswertbescheide	10
Beitragsabrechnungen zur Sozial-versicherung	6	Eröffnungsbilanz	10
		Exportunterlagen	6
Belege, Beleglisten, Belegzusammen-stellungen, Sammelbelege (soweit Buchungsunterlage)	10	**F**ahrtberichte	6
		Fahrtenbücher	10
Betriebskostenabrechnungen (soweit nicht Buchungsunterlage)	6	Fahrtkostenerstattungsbelege (soweit nicht Buchungsunterlage)	6
		Fakturier-Journal	10
Betriebskrankenkasse (Buchungs- und Abrechnungsunterlagen)	10	Finanzberichte	6
		Frachtunterlagen (Abrechnungen, Frachtbriefe, Reklamationen)	6
Betriebsprüfungsberichte	6		
Bewertungsunterlagen	10		
Bewirtungsbelege	10		
Bilanzen (Jahresbilanzen) und Bilanz-unterlagen	10	**G**ebäude- und Grundstücksunterlagen (Bauakten, Bauplan, Genehmigungen)	6
Bilanzprotokoll (EDV)	10	Gebäude- und Grundstücksunterlagen (soweit Inventare)	10
Buchungsanweisungen	10		
Buchungsbelege		Gehaltskonten	6
– mit Grundbuchfunktion	10	Gehaltslisten	10
– sonstige	10	Geschäftsberichte	10
Buchungsprotokolle (EDV)	10	Geschäftsbriefe, allgemein	6
Buchführungsprogramme	10	Geschenknachweise (soweit nicht Buchungsunterlage)	6

[1] Rechtsquelle: § 257 HGB und § 147 AO

Art der Unterlage	Aufbe-wahrungsfrist in Jahren	Art der Unterlage	Aufbe-wahrungsfrist in Jahren
eschenknachweise (soweit Buchungs-nterlage)	10	Lagerprotokolle	6
rundbuchauszüge	10	Lieferscheine	10
rundbücher	10	Lizenzabrechnungen und -unterlagen (soweit nicht Buchungsunterlage)	6
utschriftsanzeigen	10	Lohnbelege	6
uV-Rechnungen (Jahresabschluss)	10	Lohnkonten	6
		Lohnlisten	10
andelsbilanz	10	Lohnunterlagen	6
andelsbriefe, allgemein	6		
andelsbücher	10	**M**agnetbänder mit Buchfunktion	10
andelsregisterauszüge	6	Mahnungen und -bescheide	6
auptabschlussübersicht	10	Materialentnahmescheine (soweit nicht Buchungsunterlage)	6
auptbuch	10	Mietunterlagen (nach Ablauf des Vertrages)	6
auptbuchkonten	10	Mikrofilme mit Geschäftsbriefen	6
ventare und Inventarnachweise	10	Mikrofilme mit Buchungsbelegen	10
venturreinschriften	10		
vestitionszulagenanträge	6	**N**achnahmebelege	6
		Nebenbücher	10
ahresabschlüsse	10		
hresabschlusserläuterungen	10	**O**P-Listen (EDV)	10
ahresabschlusslisten	10	Organisationsunterlagen der EDV-Buch-führung	10
ournale	10		
alkulationsunterlagen (außer für erstellungskosten)	6	**P**achtunterlagen (nach Ablauf des Vertrages)	6
assenberichte	10	Patente und Unterlagen	6
assenbücher und -blätter	10	Portokassenbücher	10
assenzettel, -belege (soweit nicht uchungsunterlage)	6	Postgirobelege	10
ommissionslisten	6	Preislisten	6
onsignationslager-Unterlagen	10	Programmbeschreibung für das Buch-führungsprogramm	10
onten	10	Provisionsabrechnung mit Unterlagen (soweit nicht Buchungsunterlage)	6
ontenpläne und Kontenplanänderungen	10		
ontenregister	10	**Q**uittungen	10
ontoauszüge (Girokonten)	10		
ontokorrentbücher und -kontenkarten	10	**R**echnungen	10
ontroll-Journal (EDV)	10	Rechtsstreitfälle mit allen Unterlagen	6
onzernabschlüsse	10	Reisekostenabrechnungen	10
onzernlageberichte	10	Repräsentationsaufwand (Unterlagen)	10
ostenträgerrechnungen	10		
ostenvoranschläge	6	**S**aldenbestätigungen	10
editunterlagen (nach Ablauf des editvertrages)	6	Saldenbilanzen	10
		Schadensunterlagen	6
ageberichte	10	Scheckbelege (soweit Buchungs-unterlage)	10
gerbuchführungen	10		

Aufbewahrungsfristen für Schriftgut (Fortsetzung)

Art der Unterlage	Aufbe-wahrungsfrist in Jahren	Art der Unterlage	Aufbe-wahrungsfrist in Jahren
Schriftwechsel (allgemein)	6	**W**arenbestandsaufnahmen (Inventuren)	10
Schuldtitel	10	Wareneingangs- und -ausgangsbücher	10
Spendenbescheinigungen	10	Wechsel (soweit nicht Buchungs-unterlage)	6
Steuerunterlagen	10	Wechselbuch	10
Steuererklärungen	10	Werbegeschenknachweise	10
Telefonkostennachweise (soweit nicht Buchungsunterlage)	6	**Z**ahlungsanweisungen	10
Überstundenlisten	6	Zinsrechnungen (soweit Buchungs-unterlage)	10
Umsatzsteuervoranmeldungen	10	Zollbelege	6
Versand- und Frachtunterlagen	6	Zwischenbilanzen (bei Gesellschafter-wechsel oder Umstellung des Wirt-schaftsjahres)	10
Versicherungspolicen	6		
Verträge und Vertragsunterlagen (soweit nicht Buchungsunterlage)	6		

Aufbewahrung auf Bildträgern (§ 147 Abs. 2 AO)

Mit Ausnahme der Jahresabschlüsse und der Eröffnungsbilanz können

– Bücher und Aufzeichnungen, Inventare, Lageberichte sowie die zu ihrem Verständnis erforderlichen Arbeitsanweisungen und sonstigen Organisationsunterlagen,

– die empfangenen Handels- oder Geschäftsbriefe,

– Wiedergaben der abgesandten Handels- oder Geschäftsbriefe,

– Buchungsbelege,

– sonstige Unterlagen, soweit sie für die Besteuerung von Bedeutung sind,

auch als Wiedergabe auf einem Bildträger oder auf anderen Datenträgern aufbewahrt werden, wenn dies den Grundsätzen ordnungsmäßiger Buchführung entspricht und sichergestellt ist, dass die Wiedergabe oder die Daten

– mit den empfangenen Handels- oder Geschäftsbriefen und den Buchungsbelegen bildlich und mit den anderen Unterlagen inhaltlich übereinstimmen, wenn sie lesbar gemacht werden,

– während der Dauer der Aufbewahrungsfrist jederzeit verfügbar sind, unverzüglich lesbar gemacht und maschinell ausgewertet werden können.

Beginn der Aufbewahrungsfrist (§ 147 Abs. 4 AO)

Die Aufbewahrungsfrist beginnt mit dem Schluss des Kalenderjahres, in dem die letzte Eintragung in das Buch gemacht, das Inventar, die Eröffnungsbilanz, der Jahresabschluss oder der Lagebericht aufgestellt, der Handels- oder Geschäftsbrief empfangen oder abgesandt worden ist oder der Buchungsbeleg entstanden ist, ferner die Aufzeichnung vorgenommen worden ist oder die sonstigen Unterlagen entstanden sind.

Datenzugriff und Prüfbarkeit (§ 147 Abs. 6 AO)

Sind die Unterlagen mit Hilfe eines Datenverarbeitungssystems erstellt worden, hat die Finanzbehörde im Rahmen einer Außenprüfung das Recht, Einsicht in die gespeicherten Daten zu nehmen und das Datenverarbeitungssystem zur Prüfung dieser Unterlagen zu nutzen. Sie kann im Rahmen einer Außenprüfung auch verlangen, dass die Daten nach ihren Vorgaben maschinell ausgewertet oder ihr die gespeicherten Unterlagen und Aufzeichnungen auf einem maschinell verwertbaren Datenträger zur Verfügung gestellt werden. Die Kosten trägt der Steuerpflichtige.

V. Verschiedenes

Arbeitskostenindex[1] für das Produzierende Gewerbe und den Dienstleistungsbereich[2] in Deutschland (Stand: 9. 12. 2011)

	4. Quartal 2010	1. Quartal 2011	2. Quartal 2011	3. Quartal 2011	Bemerkungen
Index der Arbeitskosten Produzierendes Gewerbe und Dienstleistungsbereich insgesamt[4]	103,9	105,1	107,2	106,3	2008 = 100
Veränderung gegenüber Vorjahresquartal[3] (in %)	+ 1,0	+ 2,5	+ 4,0	+ 2,9	
Veränderung gegenüber Vorquartal[4] (in %)	+ 0,6	+ 1,9	+ 1,3	– 0,9	
Index der Arbeitskosten Produzierendes Gewerbe[4]	103,2	104,5	108,1	105,9	2008 = 100
Index der Arbeitskosten Dienstleistungsbereich[4]	104,2	105,4	106,8	106,5	2008 = 100
Index der Bruttolöhne und -gehälter Produzierendes Gewerbe und Dienstleistungsbereich insgesamt[4]	103,6	104,5	106,8	106,0	2008 = 100
Veränderung gegenüber Vorjahresquartal[3] (in %)	+ 1,0	+ 1,9	+ 3,8	+ 2,9	
Veränderung gegenüber Vorquartal[4] (in %)	+ 0,6	+ 1,5	+ 1,6	– 0,8	
Index der Bruttolöhne und -gehälter Produzierendes Gewerbe[4]	103,0	104,0	107,8	105,6	2008 = 100
Index der Bruttolöhne und -gehälter Dienstleistungs-bereich[4]	103,9	104,8	106,4	106,1	2008 = 100
Index der Lohnnebenkosten Produzierendes Gewerbe und Dienstleistungsbereich insgesamt[4]	105,1	107,3	108,4	107,6	2008 = 100
Veränderung gegenüber Vorjahresquartal[3] (in %)	+ 1,1	+ 4,6	+ 4,8	+ 2,9	
Veränderung gegenüber Vorquartal[4] (in %)	+ 0,8	+ 3,2	+ 0,4	– 1,4	
Index der Lohnnebenkosten Produzierendes Gewerbe[4]	104,4	106,7	108,6	107,3	2008 = 100
Index der Lohnnebenkosten Dienstleistungsbereich[4]	105,4	107,5	108,3	107,7	2008 = 100

[1] Arbeitskostenindex je geleisteter Stunde im Produzierenden Gewerbe und im Dienstleistungsbereich; widerspiegelt die Entwicklung der Arbeitskosten insgesamt sowie der Teilkomponenten Bruttolöhne und -gehälter und Sozialbeiträge der Arbeitgeber.
[2] Das Produzierende Gewerbe und der gesamte Dienstleistungsbereich umfassen neben der Privatwirtschaft die nicht vom Markt bestimmten Dienstleistungsbereiche. Diese sind vom öffentlichen Dienst geprägt und schließen unter anderem die öffentliche Verwaltung sowie die Bereiche Erziehung, Unterricht und Gesundheitswesen ein.
[3] kalenderbereinigt
[4] kalender- und saisonbereinigt

Quelle: Statistisches Bundesamt, Pressestelle

Internet: http://www.destatis.de

Wichtige Jahresindexzahlen zur Preisentwicklung in Deutschland

	2008	2009	2010	2011	Bemerkungen
Preisindex für die Lebenshaltung aller privaten Haushalte					
Gesamtindex	106,6	107,0	108,2	111,1 (Okt.)	
Nahrungsmittel und alkoholfreie Getränke	112,3	110,9	112,5	115,6 (Okt.)	
Alkoholische Getränke, Tabakwaren	108,4	111,3	113,0	115,6 (Okt.)	
Bekleidung und Schuhe	101,4	102,8	103,7	109,8 (Okt.)	
Wohnung, Wasser, Strom, Gas und andere Brennstoffe	108,5	108,9	110,1	114,3 (Okt.)	2005 = 100
Einrichtungsgegenstände u. ä. für den Haushalt sowie deren Instandhaltung	102,5	104,2	104,6	105,3 (Okt.)	
Gesundheitspflege	103,0	104,0	104,7	105,6 (Okt.)	
Verkehr	110,5	108,3	112,1	117,8 (Okt.)	
Nachrichtenübermittlung	91,8	89,8	88,0	84,9 (Okt.)	
Freizeit, Unterhaltung und Kultur	99,8	101,4	101,3	102,1 (Okt.)	
Bildungswesen	137,9	132,3	131,8	115,9 (Okt.)	
Beherbergungs- und Gaststättendienstleistungen	106,3	108,7	109,9	111,3 (Okt.)	
Andere Waren und Dienstleistungen	105,9	107,5	108,4	110,1 (Okt.)	
Erzeugerpreise gewerblicher Produkte (ohne USt)					
insgesamt	112,7	108,0	109,7	117,0 (Okt.)	2005 = 100

Quelle: Wirtschaft und Statistik, Heft 11/2011

Internet: http://www.destatis.de

Basiszinssatz und EZB-Zinssätze für ständige Fazilitäten

Zeitraum	Basiszinssatz gemäß § 1 DÜG %
1. 1. 2000 " 30. 4. 2000	2,68
1. 5. 2000 " 31. 8. 2000	3,42
1. 9. 2000 " 31. 8. 2001	4,26
1. 9. 2001 " 31. 12. 2001	3,62
1. 1. 2002 " 3. 4. 2002	2,71
	Basiszinssatz gemäß § 247 BGB %
1. 1. 2002 bis 30. 6. 2002	2,57
1. 7. 2002 " 31. 12. 2002	2,47
1. 1. 2003 " 30. 6. 2003	1,97
1. 7. 2003 " 31. 12. 2003	1,22
1. 1. 2004 " 30. 6. 2004	1,14
1. 7. 2004 " 31. 12. 2004	1,13
1. 1. 2005 " 30. 6. 2005	1,21
1. 7. 2005 " 31. 12. 2005	1,17
1. 1. 2006 " 30. 6. 2006	1,37
1. 7. 2006 " 31. 12. 2006	1,95
1. 1. 2007 " 30. 6. 2007	2,7
1. 7. 2007 " 31. 12. 2007	3,19
1. 1. 2008 " 30. 6. 2008	3,32
1. 7. 2008 " 31. 12. 2008	3,19
1. 1. 2009 " 30. 6. 2009	1,62
1. 7. 2009 " 31. 12. 2009	0,12
1. 1. 2010 " 30. 6. 2010	0,12
1. 7. 2010 " 31. 12. 2010	0,12
1. 1. 2011 " 30. 6. 2011	0,12
1. 7. 2011 " 31. 12. 2011	0,37
1. 1. 2012 "	0,12

Zeitraum	Zinssätze für die Einlagefazilität %	Zinssätze für die Spitzenrefinanzierungsfazilität %
17. 3. 2000 " 27. 4. 2000	2,5	4,5
28. 4. 2000 " 8. 6. 2000	2,75	4,75
9. 6. 2000 " 31. 8. 2000	3,25	5,25
1. 9. 2000 " 5. 10. 2000	3,5	5,5
6. 10. 2000 " 10. 5. 2001	3,75	5,75
11. 5. 2001 " 30. 8. 2001	3,5	5,5
31. 8. 2001 " 17. 9. 2001	3,25	5,25
18. 9. 2001 " 18. 11. 2001	2,75	4,75
9. 11. 2001 " 5. 12. 2002	2,25	4,25
6. 12. 2002 " 6. 3. 2003	1,75	3,75
7. 3. 2003 " 5. 6. 2003	1,5	3,5
6. 6. 2003 " 5. 12. 2005	1,0	3,0
6. 12. 2005 " 7. 3. 2006	1,25	3,25
8. 3. 2006 " 14. 6. 2006	1,5	3,5
15. 6. 2006 " 8. 8. 2006	1,75	3,75
9. 8. 2006 " 10. 10. 2006	2,0	4,0
11. 10. 2006 " 12. 12. 2006	2,25	4,25
13. 12. 2006 " 13. 3. 2007	2,5	4,5
14. 3. 2007 " 12. 6. 2007	2,75	4,75
13. 6. 2007 " 8. 7. 2008	3,0	5,0
9. 7. 2008 " 7. 10. 2008	3,25	5,25
8. 10. 2008 " 8. 10. 2008	2,75	4,75
9. 10. 2008 " 11. 11. 2008	3,25	4,25
12. 11. 2008 " 9. 12. 2008	2,75	3,75
10. 12. 2008 " 20. 1. 2009	2,0	3,0
21. 1. 2009 " 10. 3. 2009	1,0	3,0
11. 3. 2009 " 7. 4. 2009	0,5	2,5
8. 4. 2009 " 12. 5. 2009	0,25	2,25
13. 5. 2009 " 12. 4. 2011	0,25	1,75
13. 4. 2011 " 12. 7. 2011	0,5	2,0
13. 7. 2011 " 8. 11. 2011	0,75	2,25
9. 11. 2011 " 13 12. 2011	0,5	2,0
14. 12. 2011 "	0,25	1,75

Der Basiszinssatz gemäß DÜG ersetzt ab 1. 1. 1999 den Diskontsatz der Deutschen Bundesbank, soweit dieser in Verträgen und Vorschriften als Bezugsgröße für Zinsen und andere Leistungen verwendet wurde. Nach Artikel 4 § 2 VersKapAG tritt ab 4. 4. 2002 an Stelle des Basiszinssatzes gemäß DÜG der Basiszinssatz gemäß § 247 BGB. Der Basiszinssatz gemäß § 247 BGB beträgt 3,62 % und verändert sich zum 1. 1. und zum 1. 7. eines jeden Jahres, erstmals zum 1. 1. 2002, um die Prozentpunkte, um welche die Bezugsgröße seit der letzten Veränderung gestiegen oder gefallen ist.

Soweit der Lombardsatz als Bezugsgröße für Zinsen und andere Leistungen verwendet wurde, ist an seine Stelle ab dem 1. 1. 1999 der Zinssatz der Spitzenrefinanzierungsfazilität der Europäischen Zentralbank (SRF-Satz) getreten.

Quelle: Monatsbericht der Deutschen Bundesbank, Heft 12/2011;
Monatsbericht der Europäischen Zentralbank, Heft 12/2011

Internet: http://www.bundesbank.de
http://www.ecb.int

Aufzinsung von Kapital

100 € Kapital erhöhen sich in n Jahren:

n Jahre	2 %	2,5 %	3 %	3,5 %	3,75 %	4 %	4,25 %	4,5 %	4,75 %	5 %	5,25 %
1	102.000[1]	102.500	103.000	103.500	103.750	104.000	104.250	104.500	104.750	105.000	105.250
2	104.040	105.063	106.090	107.123	107.641	108.160	108.681	109.203	109.726	110.250	110.776
3	106.121	107.689	109.273	110.872	111.677	112.486	113.300	114.117	114.938	115.763	116.591
4	108.243	110.381	112.551	114.752	115.865	116.986	118.115	119.252	120.397	121.551	122.712
5	110.408	113.141	115.927	118.769	120.210	121.665	123.135	124.618	126.116	127.628	129.155
6	112.616	115.969	119.405	122.926	124.718	126.532	128.368	130.226	132.107	134.010	135.935
7	114.869	118.869	122.987	127.228	129.395	131.539	133.824	136.086	138.382	140.710	143.072
8	117.166	121.840	126.677	131.681	134.247	136.857	139.511	142.210	144.955	147.746	150.583
9	119.509	124.886	130.477	136.290	139.281	142.331	145.440	148.610	151.840	155.133	158.489
10	121.899	128.008	134.392	141.060	144.504	148.024	151.621	155.297	159.052	162.890	166.810
11	124.337	131.209	138.423	145.997	149.923	153.945	158.065	162.285	166.607	171.034	175.567
12	126.824	134.489	142.576	151.107	155.545	160.103	164.783	169.588	174.521	179.586	184.784
13	129.361	137.851	146.853	156.396	161.378	166.507	171.786	177.220	182.811	188.565	194.486
14	131.948	141.297	151.259	161.869	167.430	173.168	179.087	185.194	191.495	197.993	204.696
15	134.587	144.830	155.797	167.535	173.709	180.094	186.699	193.528	200.591	207.893	215.443
16	137.279	148.451	160.471	173.399	180.223	187.298	194.633	202.237	210.119	218.287	226.753
17	140.024	152.162	165.285	179.468	186.981	194.790	202.905	211.338	220.099	229.202	238.658
18	142.825	155.966	170.243	185.749	193.993	202.582	211.529	220.848	230.554	240.662	251.187
19	145.681	159.865	175.351	192.250	201.268	210.685	220.519	230.786	241.505	252.695	264.375
20	148.595	163.862	180.611	198.979	208.815	219.112	229.891	241.171	252.977	265.330	278.254
21	151.567	167.958	186.029	205.943	216.646	227.877	239.661	252.024	264.993	278.596	292.863
22	154.598	172.157	191.610	213.151	224.770	236.992	249.847	263.365	277.580	292.526	308.238
23	157.690	176.461	197.359	220.611	233.199	246.472	260.465	275.217	290.765	307.152	324.421
24	160.844	180.873	203.279	228.333	241.944	256.330	271.535	287.601	304.577	322.510	341.453
25	164.061	185.394	209.378	236.324	251.017	266.584	283.075	300.543	319.044	338.635	359.379
30	181.136	209.757	242.726	280.679	301.747	324.340	348.564	374.532	402.366	432.194	464.155

[1] $1/100$ der angegebenen Aufzinsungsbeträge für 100 € ist der jeweilige Aufzinsungsfaktor. Anfangskapital × Aufzinsungsfaktor = Endkapital.
Beispiel: Anfangskapital 5 000 €, Zinsfuß 3 ½ %, Anzahl der Jahre 17. Endkapital = 5 000 × 1,7946 = 8 973 €

100 € Kapital erhöhen sich in n Jahren.

n Jahre	5,5 %	5,75 %	6 %	6,25 %	6,5 %	6,75 %	7 %	7,25 %	7,5 %	7,75 %	8 %
1	105,500	105,750	106,000	106,250	106,500	106,750	107,000	107,250	107,500	107,750	108,000
2	111,303	111,831	112,360	112,891	113,423	113,956	114,490	115,026	115,563	116,101	116,640
3	117,424	118,261	119,102	119,946	120,795	121,648	122,504	123,365	124,230	125,098	125,971
4	123,882	125,061	126,248	127,443	128,647	129,859	131,080	132,308	133,547	134,794	136,049
5	130,696	132,252	133,823	135,408	137,009	138,624	140,255	141,901	143,563	145,240	146,933
6	137,884	139,856	141,852	143,871	145,914	147,981	150,073	152,189	154,330	156,496	158,687
7	145,468	147,898	150,363	152,863	155,399	157,970	160,578	163,223	165,905	168,625	171,382
8	153,469	156,402	159,385	162,417	165,500	168,633	171,819	175,057	178,348	181,693	185,093
9	161,909	165,395	168,948	172,568	176,257	180,016	183,846	187,748	191,724	195,774	199,900
10	170,814	174,906	179,085	183,354	187,714	192,167	196,715	201,360	206,103	210,947	215,893
11	180,209	184,963	189,830	194,813	199,915	205,138	210,485	215,959	221,561	227,295	233,164
12	190,121	195,598	201,220	206,989	212,910	218,985	225,219	231,615	238,178	244,910	251,817
13	200,577	206,845	213,293	219,926	226,749	233,767	240,985	248,408	256,041	263,891	271,962
14	211,609	218,739	226,090	233,671	241,487	249,546	257,853	266,417	275,244	284,343	293,719
15	223,248	231,316	239,656	248,276	257,184	266,390	275,903	285,732	295,888	306,379	317,217
16	235,526	244,617	254,035	263,793	273,901	284,372	295,216	306,448	318,079	330,124	342,594
17	248,480	258,682	269,277	280,280	291,705	303,567	315,882	328,665	341,935	355,708	370,002
18	262,147	273,556	285,434	297,797	310,665	324,057	337,993	352,494	367,580	383,275	399,602
19	276,565	289,286	302,560	316,410	330,859	345,931	361,653	378,050	395,149	412,979	431,570
20	291,776	305,920	320,714	336,185	352,365	369,282	386,968	405,458	424,785	444,985	466,096
21	307,823	323,510	339,956	357,197	375,268	394,208	414,056	434,854	456,644	479,472	503,383
22	324,754	342,112	360,354	379,522	399,661	420,817	443,040	466,381	490,892	516,631	543,654
23	342,615	361,783	381,975	403,242	425,639	449,222	474,053	500,193	527,709	556,669	587,146
24	361,459	382,586	404,893	428,444	453,305	479,545	507,237	536,457	567,287	599,811	634,118
25	381,339	404,585	429,187	455,222	482,770	511,914	542,743	575,351	609,834	646,297	684,848
30	498,395	535,071	574,349	616,408	661,437	709,637	761,226	816,430	875,496	938,682	1 006,266

Aufzinsung von Kapital (Fortsetzung)

100 € Kapital erhöhen sich in n Jahren:

n Jahre	8,25 %	8,5 %	8,75 %	9 %	9,25 %	9,5 %	10 %	10,5 %	11 %	11,5 %	12 %
1	108,250	108,500	108,750	109,000	109,250	109,500	110,000	110,500	111,000	111,500	112,000
2	117,181	117,723	118,266	118,810	119,356	119,903	121,000	122,103	123,210	124,323	125,440
3	126,848	127,729	128,614	129,503	130,396	131,293	133,100	134,923	136,763	138,620	140,493
4	137,313	138,586	139,868	141,158	142,458	143,766	146,410	149,090	151,807	154,561	157,352
5	148,641	150,366	152,106	153,862	155,635	157,424	161,051	164,745	168,506	172,335	176,234
6	160,904	163,147	165,415	167,710	170,031	172,379	177,156	182,043	187,041	192,154	197,382
7	174,179	177,014	179,889	182,804	185,759	188,755	194,872	201,157	207,616	214,252	221,068
8	188,549	192,060	195,629	199,256	202,942	206,687	214,359	222,279	230,454	238,891	247,596
9	204,104	208,386	212,747	217,189	221,714	226,322	235,795	245,618	255,804	266,363	277,308
10	220,942	226,098	231,362	236,736	242,222	247,823	259,374	271,408	283,942	296,995	310,585
11	239,170	245,317	251,607	258,043	264,628	271,366	285,312	299,906	315,176	331,149	347,855
12	258,902	266,169	273,622	281,266	289,106	297,146	313,843	331,396	349,845	369,231	389,598
13	280,261	288,793	297,564	306,580	315,848	325,375	345,227	366,193	388,328	411,693	436,349
14	303,383	313,340	323,601	334,173	345,064	356,285	379,750	404,643	431,044	459,037	488,711
15	328,412	339,974	351,916	364,248	376,983	390,132	417,725	447,130	478,459	511,827	547,357
16	355,506	368,872	382,709	397,031	411,854	427,195	459,497	494,079	531,089	570,687	613,039
17	384,835	400,226	416,196	432,763	449,950	467,779	505,447	545,957	589,509	636,316	686,604
18	416,584	434,245	452,613	471,712	491,571	512,217	555,992	603,283	654,355	709,492	768,997
19	450,952	471,156	492,216	514,166	537,041	560,878	611,591	666,628	726,334	791,084	861,276
20	488,155	511,205	535,285	560,441	586,717	614,161	672,750	736,623	806,231	882,058	964,629
21	528,428	554,657	582,123	610,881	640,989	672,507	740,025	813,969	894,917	983,495	1 080,385
22	572,024	601,803	633,058	665,860	700,280	736,395	814,027	899,436	993,357	1 096,597	1 210,031
23	619,215	652,956	688,451	725,787	765,056	806,352	895,430	993,876	1 102,627	1 222,706	1 355,235
24	670,301	708,457	748,691	791,108	835,824	882,956	984,973	1 098,233	1 223,916	1 363,317	1 517,863
25	725,601	768,676	814,201	862,308	913,137	966,836	1 083,471	1 213,548	1 358,546	1 520,098	1 700,006
30	1 078,542	1 155,825	1 238,449	1 326,768	1 421,161	1 522,031	1 744,940	1 999,256	2 289,230	2 619,667	2 995,992

Auf 100 € wachsen an in n Jahren.

n Jahre	2 %	2,5 %	3 %	3,5 %	3,75 %	4 %	4,25 %	4,5 %	4,75 %	5 %	5,25 %
1	98,039	97,561	97,087	96,618	96,386	96,154	95,923	95,694	95,465	95,238	95,012
2	96,117	95,181	94,260	93,351	92,902	92,456	92,013	91,573	91,136	90,703	90,273
3	94,232	92,860	91,514	90,194	89,544	88,900	88,262	87,630	87,004	86,384	85,770
4	92,385	90,595	88,849	87,144	86,307	85,480	84,663	83,856	83,058	82,270	81,491
5	90,573	88,385	86,261	84,197	83,188	82,193	81,212	80,245	79,292	78,353	77,426
6	88,797	86,230	83,748	81,350	80,181	79,031	77,901	76,790	75,697	74,622	73,564
7	87,056	84,127	81,309	78,599	77,283	75,992	74,725	73,483	72,264	71,068	69,895
8	85,349	82,075	78,941	75,941	74,490	73,069	71,679	70,319	68,987	67,684	66,408
9	83,676	80,073	76,642	73,373	71,797	70,259	68,757	67,290	65,859	64,461	63,096
10	82,035	78,120	74,409	70,892	69,202	67,556	65,954	64,393	62,872	61,391	59,949
11	80,426	76,214	72,242	68,495	66,701	64,958	63,265	61,620	60,021	58,468	56,958
12	78,849	74,356	70,138	66,178	64,290	62,460	60,686	58,966	57,300	55,684	54,117
13	77,303	72,542	68,095	63,940	61,966	60,057	58,212	56,427	54,701	53,032	51,418
14	75,788	70,773	66,112	61,778	59,726	57,748	55,839	53,997	52,221	50,507	48,853
15	74,301	69,047	64,186	59,689	57,668	55,526	53,562	51,672	49,853	48,102	46,416
16	72,845	67,362	62,317	57,671	55,487	53,391	51,379	49,447	47,592	45,811	44,101
17	71,416	65,720	60,502	55,720	53,481	51,337	49,284	47,318	45,434	43,630	41,901
18	70,016	64,117	58,739	53,836	51,548	49,363	47,275	45,280	43,374	41,552	39,811
19	68,643	62,553	57,029	52,016	49,685	47,464	45,348	43,330	41,407	39,573	37,825
20	67,297	61,027	55,368	50,257	47,889	45,639	43,499	41,464	39,529	37,689	35,939
21	65,978	59,539	53,755	48,557	46,158	43,883	41,726	39,679	37,737	35,894	34,146
22	64,684	58,086	52,189	46,915	44,490	42,196	40,025	37,970	36,026	34,185	32,442
23	63,416	56,670	50,669	45,329	42,882	40,573	38,393	36,335	34,392	32,557	30,824
24	62,172	55,288	49,193	43,796	41,332	39,012	36,828	34,770	32,832	31,007	29,287
25	60,953	53,939	47,761	42,315	39,838	37,512	35,326	33,273	31,344	29,530	27,826
30	55,207	47,674	41,199	35,628	33,140	30,832	28,689	26,700	24,853	23,138	21,545

Abzinsung von Kapital (Fortsetzung)

n Jahre	5,5 %	5,75 %	6 %	6,25 %	6,5 %	6,75 %	7 %	7,25 %	7,5 %	7,75 %	8 %
1	94,787	94,563	94,340	94,118	93,897	93,677	93,458	93,240	93,023	92,807	92,593
2	89,845	89,421	89,000	88,581	88,166	87,753	87,344	86,937	86,533	86,132	85,734
3	85,161	84,559	83,962	83,371	82,785	82,205	81,630	81,060	80,496	79,337	79,383
4	80,722	79,961	79,209	78,466	77,732	77,007	76,290	75,581	74,880	74,188	73,503
5	76,513	75,613	74,726	73,851	72,988	72,137	71,299	70,471	69,656	68,852	68,058
6	72,525	71,502	70,496	69,507	68,533	67,576	66,634	65,708	64,796	63,899	63,017
7	68,744	67,614	66,506	65,418	64,351	63,303	62,275	61,266	60,275	59,303	58,349
8	65,160	63,938	62,741	61,570	60,423	59,300	58,201	57,124	56,070	55,038	54,027
9	61,763	60,461	59,190	57,948	56,735	55,551	54,393	53,263	52,158	51,079	50,025
10	58,543	57,174	55,839	54,539	53,273	52,038	50,835	49,662	48,519	47,405	46,319
11	55,491	54,065	52,679	51,331	50,021	48,748	47,509	46,305	45,134	43,996	42,888
12	52,598	51,125	49,697	48,312	46,968	45,665	44,401	43,175	41,985	40,831	39,711
13	49,856	48,345	46,884	45,470	44,102	42,778	41,496	40,256	39,056	37,894	36,770
14	47,257	45,717	44,230	42,795	41,410	40,073	38,782	37,535	36,331	35,169	34,046
15	44,793	43,231	41,727	40,278	38,883	37,539	36,245	34,998	33,797	32,639	31,524
16	42,458	40,880	39,365	37,909	36,510	35,165	33,873	32,632	31,439	30,292	29,189
17	40,245	38,657	37,136	35,679	34,281	32,942	31,657	30,426	29,245	28,113	27,027
18	38,147	36,556	35,034	33,580	32,189	30,859	29,586	28,369	27,205	26,091	25,025
19	36,158	34,568	33,051	31,605	30,224	28,907	27,651	26,452	25,307	24,214	23,171
20	34,273	32,688	31,180	29,745	28,380	27,080	25,842	24,663	23,541	22,473	21,455
21	32,486	30,911	29,416	27,996	26,648	25,367	24,151	22,996	21,889	20,856	19,866
22	30,793	29,230	27,751	26,349	25,021	23,763	22,571	21,442	20,371	19,356	18,394
23	29,187	27,641	26,180	24,799	23,494	22,261	21,094	19,992	18,950	17,964	17,032
24	27,666	26,138	24,698	23,340	22,060	20,853	19,715	18,641	17,628	16,672	15,770
25	26,223	24,717	23,300	21,967	20,714	19,535	18,425	17,381	16,398	15,473	14,602
30	20,064	18,689	17,411	16,223	15,119	14,092	13,137	12,248	11,422	10,653	9,938

Auf 100 € wachsen an in n Jahren:

n Jahre	8,25 %	8,5 %	8,75 %	9 %	9,25 %	9,5 %	10 %	10,5 %	11 %	11,5 %	12 %
1	92,379	92,166	91,954	91,743	91,533	91,324	90,909	90,498	90,090	89,686	89,286
2	85,338	84,946	84,555	84,168	83,783	83,401	82,645	81,898	81,162	80,436	79,719
3	78,834	78,291	77,752	77,218	76,689	76,165	75,131	74,116	73,119	72,140	71,178
4	72,826	72,157	71,496	70,843	70,196	69,557	68,301	67,043	65,873	64,699	63,552
5	67,276	66,505	65,744	64,993	64,253	63,523	62,092	60,700	59,345	58,026	56,743
6	62,149	61,295	60,454	59,627	58,813	58,012	56,447	54,932	53,464	52,042	50,663
7	57,412	56,493	55,590	54,703	53,833	52,979	51,316	49,712	48,166	46,674	45,235
8	53,037	52,067	51,117	50,187	49,275	48,382	46,651	44,989	43,393	41,860	40,388
9	48,995	47,988	47,004	46,043	45,103	44,185	42,410	40,714	39,092	37,543	36,061
10	45,261	44,229	43,222	42,241	41,284	40,351	38,554	36,845	35,218	33,671	32,197
11	41,811	40,764	39,745	38,753	37,789	36,851	35,049	33,344	31,728	30,198	28,748
12	38,625	37,570	36,547	35,553	34,589	33,654	31,863	30,175	28,584	27,083	25,668
13	35,681	34,627	33,606	32,618	31,661	30,734	28,966	27,308	25,751	24,290	22,917
14	32,962	31,914	30,902	29,925	28,980	28,067	26,333	24,713	23,199	21,785	20,462
15	30,450	29,414	28,416	27,454	26,526	25,632	23,939	22,365	20,900	19,538	18,270
16	28,129	27,110	26,130	25,187	24,280	23,409	21,763	20,240	18,829	17,523	16,312
17	25,985	24,986	24,027	23,107	22,225	21,378	19,784	18,316	16,963	15,715	14,564
18	24,005	23,028	22,094	21,199	20,343	19,523	17,986	16,576	15,282	14,095	13,004
19	22,175	21,224	20,316	19,449	18,621	17,829	16,351	15,001	13,768	12,641	11,611
20	20,485	19,562	18,682	17,843	17,044	16,282	14,864	13,575	12,403	11,337	10,367
21	18,924	18,029	17,179	16,370	15,601	14,870	13,513	12,285	11,174	10,168	9,256
22	17,482	16,617	15,796	15,018	14,280	13,580	12,285	11,118	10,067	9,119	8,264
23	16,149	15,315	14,525	13,778	13,071	12,402	11,168	10,062	9,069	8,179	7,379
24	14,919	14,115	13,357	12,640	11,964	11,326	10,153	9,106	8,170	7,335	6,588
25	13,782	13,009	12,282	11,597	10,951	10,343	9,230	8,240	7,361	6,579	5,882
30	9,272	8,652	8,075	7,537	7,036	6,570	5,731	5,002	4,368	3,817	3,338

Tilgungstabelle

Nötige Zahlungen am Ende jedes Jahres zur Tilgung eines Darlehens von 100 € in n Jahren, das zu p % verzinst wird:

n / p	3 %	3,5 %	4 %	4,5 %	5 %	5,5 %	6 %
1	103,0	103,5	104,0	104,5	105,0	105,5	106,0
2	52,3	52,6	53,0	53,4	53,8	54,2	54,5
3	35,4	35,7	36,0	36,4	36,7	37,1	37,4
4	26,9	27,2	27,6	27,9	28,2	28,5	28,9
5	21,8	22,2	22,5	22,8	23,1	23,4	23,7
6	18,5	18,8	19,1	19,4	19,7	20,0	20,3
7	16,1	16,4	16,7	17,0	17,3	17,6	17,9
8	14,3	14,6	14,9	15,2	15,5	16,0	16,1
9	12,8	13,1	13,5	13,8	14,1	14,4	14,7
10	11,7	12,0	12,3	12,6	13,0	13,3	13,6
11	10,8	11,1	11,4	11,7	12,0	12,4	12,7
12	10,1	10,4	10,7	11,0	11,3	11,6	11,9
13	9,4	9,7	10,0	10,3	10,7	11,0	11,3
14	8,9	9,2	9,5	9,8	10,1	10,4	10,8
15	8,4	8,7	9,0	9,3	9,6	10,0	10,3
16	8,0	8,3	8,6	8,9	9,2	9,6	9,9
17	7,6	7,9	8,2	8,5	8,9	9,2	9,5
18	7,3	7,6	7,9	8,2	8,6	8,9	9,2
19	7,0	7,3	7,6	7,9	8,3	8,6	9,0
20	6,7	7,0	7,4	7,7	8,0	8,4	8,7
21	6,5	6,8	7,1	7,5	7,8	8,2	8,5
22	6,3	6,6	6,9	7,3	7,6	8,0	8,3
23	6,1	6,4	6,7	7,1	7,4	7,8	8,1
24	5,9	6,2	6,6	6,9	7,3	7,6	8,0
25	5,7	6,1	6,4	6,7	7,1	7,5	7,8
30	5,1	5,4	5,8	6,1	6,5	6,9	7,3
35	4,7	5,0	5,4	5,7	6,1	6,5	6,9
40	4,3	4,7	5,1	5,4	5,8	6,2	6,7
45	4,1	4,5	4,8	5,2	5,6	6,0	6,5
50	3,9	4,3	4,7	5,1	5,5	5,9	6,3

Nötige Zahlungen am Ende jedes Jahres zur Tilgung eines Darlehens von 100 € in n Jahren, das zu p % verzinst wird:

p \ n	6,5 %	7 %	7,5 %	8 %	8,25 %	8,5 %	8,75 %
1	106,5	107,0	107,5	108,0	108,3	108,5	108,8
2	54,9	55,3	55,7	56,1	56,3	56,5	56,7
3	37,8	38,1	38,5	38,8	39,0	39,1	39,3
4	29,2	29,5	29,9	30,2	30,4	30,5	30,7
5	24,1	24,4	24,7	25,0	25,2	25,4	25,5
6	20,7	21,0	21,3	21,6	21,8	22,0	22,1
7	18,2	18,6	18,9	19,2	19,4	19,5	19,7
8	16,4	16,7	17,1	17,4	17,6	17,7	17,9
9	15,0	15,3	15,7	16,0	16,2	16,3	16,5
10	13,9	14,2	14,6	14,9	15,1	15,2	15,4
11	13,0	13,3	13,7	14,0	14,2	14,3	14,5
12	12,3	12,6	12,9	13,3	13,4	13,6	13,8
13	11,6	12,0	12,3	12,7	12,0	13,0	13,2
14	11,1	11,4	11,8	12,1	12,3	12,5	12,7
15	10,6	11,0	11,3	11,7	11,9	12,0	12,2
16	10,2	10,6	10,9	11,3	11,5	11,7	11,8
17	9,9	10,2	10,6	11,0	11,1	11,3	11,5
18	9,6	9,9	10,3	10,7	10,9	11,0	11,2
19	9,3	9,7	10,0	10,4	10,6	10,8	11,0
20	9,1	9,4	9,8	10,2	10,4	10,6	10,8
21	8,9	9,2	9,6	10,0	10,2	10,4	10,6
22	8,7	9,0	9,4	9,8	10,0	10,2	10,4
23	8,5	8,9	9,3	9,6	9,8	10,0	10,2
24	8,3	8,7	9,1	9,5	9,7	9,9	10,1
25	8,2	8,6	9,0	9,4	9,6	9,8	10,0
30	7,7	8,1	8,5	8,9	9,1	9,3	9,5
35	7,3	7,7	8,1	8,6	8,8	9,0	9,2
40	7,1	7,5	7,9	8,4	8,6	8,8	9,1
45	6,9	7,3	7,8	8,3	8,5	8,7	9,0
50	6,8	7,2	7,7	8,2	8,4	8,6	8,9

Tilgungstabelle (Fortsetzung)

Nötige Zahlungen am Ende jedes Jahres zur Tilgung eines Darlehens von 100 € in n Jahren, das zu p % verzinst wird:

n \ p	9 %	9,5 %	10 %	10,5 %	11 %	11,5 %	12 %
1	109,0	109,5	110,0	110,5	111,0	111,5	112,0
2	56,8	57,2	57,6	58,0	58,4	58,8	59,2
3	39,5	39,9	40,2	40,6	40,9	41,3	41,6
4	30,9	31,2	31,5	31,9	32,2	32,6	32,9
5	25,7	26,0	26,4	26,7	27,1	27,4	27,7
6	22,3	22,6	23,0	23,3	23,6	24,0	24,3
7	19,9	20,2	20,5	20,9	21,2	21,6	21,9
8	18,1	18,4	18,7	19,1	19,4	19,8	20,1
9	16,7	17,0	17,4	17,7	18,1	18,4	18,8
10	15,6	15,9	16,3	16,6	17,0	17,3	17,7
11	14,7	15,0	15,4	15,8	16,1	16,5	16,8
12	14,0	14,3	14,7	15,0	15,4	15,8	16,1
13	13,4	13,7	14,1	14,4	14,8	15,2	15,6
14	12,8	13,2	13,6	13,9	14,3	14,7	15,1
15	12,4	12,8	13,1	13,5	13,9	14,3	14,7
16	12,0	12,4	12,8	13,2	13,6	13,9	14,3
17	11,7	12,1	12,5	12,9	13,2	13,6	14,0
18	11,4	11,8	12,2	12,6	13,0	13,4	13,8
19	11,2	11,6	12,0	12,4	12,8	13,2	13,6
20	11,0	11,3	11,7	12,1	12,6	13,0	13,4
21	10,8	11,2	11,6	12,0	12,4	12,8	13,2
22	10,6	11,0	11,4	11,8	12,2	12,7	13,1
23	10,4	10,8	11,3	11,7	12,2	12,5	13,0
24	10,3	10,7	11,1	11,6	12,1	12,4	12,8
25	10,2	10,6	11,0	11,4	12,0	12,3	12,7
30	9,7	10,2	10,6	11,0	11,5	12,0	12,4
35	9,5	9,9	10,4	10,8	11,3	11,8	12,2
40	9,3	9,8	10,2	10,2	11,2	11,6	12,1
45	9,2	9,7	10,1	10,1	11,1	11,6	12,1
50	9,1	9,6	10,1	10,1	11,1	11,5	12,0

Land [1]	Osterferien/ Frühjahrsferien 2012	Himmelfahrts- ferien/Pfingstferien 2012	Sommer- ferien 2012	Herbst- ferien 2012	Weihnachts- ferien 2012/2013	Winter- ferien 2013
Baden-Württemberg (5)	2.4. – 13.4.	29.5. – 9.6.	26.7. – 8.9.	29.10. – 2.11.	24.12. – 5.1.	–
Bayern (–)	2.4. – 14.4.	29.5. – 9.6.	1.8. – 12.9.	29.10. – 3.11.	24.12. – 5.1.	11.2. – 15.2.
Berlin (–)	2.4. – 14.4.	30.4. / 18.5.	20./21.6. – 3.8.	1.10. – 13.10.	24.12. – 4.1.	4.2. – 9.2.
Brandenburg (3)	4.4. – 14.4.	30.4. / 18.5.	21.6. – 3.8.	1.10. – 13.10.	24.12. – 4.1.	4.2. – 9.2.
Bremen (1)	26.3. – 11.4.	29.5.	23.7. – 31.8.	22.10. – 3.11.	24.12. – 5.1.	31.1. – 1.2.
Hamburg (–)	5.3. – 16.3.	30.4. – 4.5. / 18.5.	21.6. – 1.8.	1.10. – 12.10.	21.12. – 4.1.	1.2.
Hessen (–)	2.4. – 14.4.	–	2.7. – 10.8.	15.10. – 27.10.	24.12. – 12.1.	–
Mecklenburg-Vorpommern (3)[2]	2.4. – 11.4.	25.5. – 29.5.	23.6. – 4.8.	1.10. – 5.10.	21.12. – 4.1.	4.2. – 15.2.
Niedersachsen (–)	26.3. – 11.4.	30.4. / 18.5. / 29.5.	23.7. – 31.8.	22.10. – 3.11.	24.12. – 5.1.	31.1. – 1.2.
Nordrhein-Westfalen (4)	2.4. – 14.4.	29.5.	9.7. – 21.8.	8.10. – 20.10.	21.12. – 4.1.	–
Rheinland-Pfalz (4)	29.3. – 13.4.	–	2.7. – 10.8.	1.10. – 12.10.	20.12. – 4.1.	–
Saarland (2)	2.4. – 14.4.	–	2.7. – 14.8.	22.10. – 3.11.	24.12. – 5.1.	11.2. – 16.2.
Sachsen (2)	6.4. – 14.4.	18.5.	23.7. – 31.8.	22.10. – 2.11.	22.12. – 2.1.	4.2. – 15.2.
Sachsen-Anhalt (2)	2.4. – 7.4.	21.5. – 26.5.	23.7. – 5.9.	29.10. – 2.11.	19.12. – 4.1.	1.2. – 8.2.
Schleswig-Holstein (3)	30.3. – 13.4.	18.5.	25.6. – 4.8.[3]	4.10. – 19.10.[3]	24.12. – 5.1.	–
Thüringen (1)	2.4. – 13.4.	25.5. – 29.5.	23.7. – 31.8.	22.10. – 3.11.	24.12. – 5.1.	18.2. – 23.2.

Angegeben ist jeweils der erste und letzte Ferientag. Nachträgliche Änderungen einzelner Länder sind vorbehalten.

[1] In Klammern daneben – soweit bekannt – die Anzahl der beweglichen Ferientage, mit denen besondere örtliche Verhältnisse berücksichtigt oder mit denen einzelne Ferienabschnitte verlängert werden können. Sie beziehen sich auf das Schuljahr 2012/2013.

[2] Abweichende Ferientermine in beruflichen Schulen

[3] Auf den Inseln Sylt, Föhr, Amrum und Helgoland sowie auf den Halligen gelten für die Sommer- und Herbstferien Sonderregelungen.

Stichwortverzeichnis